简单营销学

让营销变得更为简单

高恩强 著

民主与建设出版社

·北京·

© 民主与建设出版社，2019

图书在版编目（CIP）数据

简单营销学 / 高恩强著 . -- 北京：民主与建设出版社，2019.12

ISBN 978-7-5139-2846-5

Ⅰ.①简… Ⅱ.①高… Ⅲ.①市场营销学 Ⅳ.①F713.50

中国版本图书馆 CIP 数据核字（2019）第 270430 号

简单营销学
JIANDAN YINGXIAOXUE

出 版 人	李声笑
著　　者	高恩强
责任编辑	周佩芳
封面设计	回归线视觉传达
出版发行	民主与建设出版社有限责任公司
电　　话	（010）59417747　59419778
社　　址	北京市海淀区西三环中路10号望海楼E座7层
邮　　编	100142
印　　刷	三河市长城印刷有限公司
版　　次	2020年1月第1版
印　　次	2020年1月第1次印刷
开　　本	710mm×1000mm　1/16
印　　张	12
字　　数	180千字
书　　号	ISBN 978-7-5139-2846-5
定　　价	48.00元

注：如有印、装质量问题，请与出版社联系。

前言
Preface

营销这么简单

很多老板都在抱怨营销人员不能为公司争取到更多的订单，殊不知，订单少绝不是营销人员的主观故意导致的，没有哪个营销员不希望自己能够发掘出更多的客户，能够与每一个客户顺利成交，既能为公司创造更多的利润，也能通过自己的勤奋和努力让收入得到提升。然而，做不好营销工作绝不是营销主体的主观意愿，营销工作做得好也不单纯是营销主体自身的主观愿望就能实现的。很多销售员也在反思：为什么我不能促成交易？为什么我不能得到客户的信任？为什么我不能把商品的优势和长处成功地展示给客户呢？营销员的思考方向是正确的，他们也的确需要解决这些方面的问题，如此才能有效地提升营销水平，保证营销成功。

没有人天生就是营销大师，每一个营销员只有走过漫长的道路，才能不断地获得成长。营销人员的成长之路没有捷径，但是，这并不意味着没有技巧可用，没有规律可循。如果我们能够洞察营销的本质，找到营销的普遍规律，通过深入了解客户的心理，掌握营销的技巧，那么我们的营销能力就会快速增长，营销水平也会得到快速提升。营销的秘诀就是用"心"。很多事情，是否用心去做，结果将会截然不同，营销也是如此。作为营销员，一定要用心提升自己，用心经营客户，用心做好服务，这样才能铺就通往成功的道路。

营销就是如此简单，只要用心，很多问题都会迎刃而解。只有用心的营销员，才能成功地把自己推销给客户，才能赢得客户的尊重，才能赢得客户的信任，才能赢得客户的托付，并最终与客户成为好朋友，让老客户发挥更大的作用，体现更大的价值，让新客户源源不断。

在这个世界上，每个人都是独特的生命个体，客户如此，销售员也是如此。所以在销售领域，才会在销售员之间出现业绩相差悬殊的情况，不可否认有些销售员的确有好运气，总会遇到那些通情达理、愿意相信他人的客户，因而销售进展很顺利。然而，大多数销售员会遇到难缠的客户的机率总是相对大一些，这是因为买卖之间原本就是对立关系，加上客户与销售员之间的需求是不同的，一个想买到物美价廉的产品，一个想卖出更高的价格、更多的量。在这种情况下，销售员要肩负起主导销售的重任，努力地经营好与客户之间的关系。真正高明的销售员，都会刻意地关注客户的心理，他们知道销售并不是要开门见山，而是要与客户之间建立彼此信任的关系，这样才能奠定良好的成交基础。

如今，网络发展很迅猛，网络媒体的兴起，衍生出了很多新的营销方式，例如短视频营销、社群营销等，都是随着时代和潮流发展起来的。作为销售员，既要继续使用传统营销方式，也要与时俱进，多多了解这些新的营销方式，这样才能面面俱到，才能更高效地开展营销。

营销从不简单，但却可以以简单的方式解决复杂的营销问题，这是对于营销员的考验。每一位营销员都应该是心理专家，都应该是网络专家，都应该是语言大师，这样才能成为真正的营销专家和营销大师。《简单营销学》帮助你解决复杂的营销问题，你做好准备认真地读一读这本营销宝典了吗？

目录 Contents

Part 1
优质产品：营销成功的基础

成为产品专家，把产品介绍到极致 / 2

抓住产品的卖点，成功打动客户的心 / 4

恰到好处介绍产品，不掩藏产品的缺陷 / 8

把握客户需求点，对产品进行重点介绍 / 11

以惊艳的方式，把自己和产品一起呈现给客户 / 15

Part 2
营销主体：营销就是要搞定人

激发客户好奇心，让他们迫不及待 / 20

百闻不如一见，让客户亲身体验 / 22

用好证人，说服客户才能事半功倍 / 25

成为领路人，带领客户去消费 / 28

多多比较，让客户做出理性选择 / 31

找到客户感兴趣的话题，让营销更顺利 / 33

设身处地为客户着想 / 36

Part 3
巧妙报价：营销能否成功由价格决定

客户对价格是最敏感的 / 42

满足客户砍价的心理需求 / 44

不要让客户轻易得到你的成交价 / 48

学会拒绝客户的不合理出价 / 51

化整为零，让客户接受高价格 / 53

Part 4
引导决策：步步为营促交易

免费，总是让消费者怦然心动 / 58

没有永远的敌人，只有永远的利益 / 60

一步一个脚印，走好营销之路 / 63

心理暗示是成功营销的催化剂 / 66

封闭式选择，让客户跟着你走 / 69

欲擒故纵，要想风筝飞得远必须学会放线 / 72

Part 5
接受拒绝：在拒绝中促成营销才是高手

拒绝背后隐藏着客户需求 / 78

分清拒绝，或许只是被试探 / 81

给现实的拒绝以现实的解决方案 / 84

从客户的异议中找到成交机会 / 86

如何面对客户说"不" / 89

先发制人，阻止客户的拒绝 / 93

Part 6
营销谈判：把话说到客户心里去

以退为进，让客户感受到你的真诚 / 98

面对客户的不情之请，学会说"不" / 101

多说"我们"，少说"我" / 104

营造适合谈判的氛围 / 107

用好互惠心理，让客户主动让步 / 111

灵活运用最后通牒，给客户施加压力 / 115

Part 7
刺激诱导：做好营销，不得不知的捷径与技巧

爆品营销：以爆品引爆全场的促销策略 / 120

提升产品区分度：引导客户挑剔消费品 / 122

高价策略：假装懊悔，抬高产品价格 / 126

饥饿营销：供不应求，才能让用户更加渴求 / 129

习惯模式：产品就是最好的营销，让客户形成习惯 / 131

上瘾模式：培养客户的消费成瘾行为 / 135

多变的酬赏：满足客户需求，培养回头客 / 139

Part 8
营销方式：好的营销方式能最大限度提升吸引力

电话营销：不见面也能做成生意 / 144

网络营销：让用户用脚投票 / 147

社群营销：建立口口相传的口碑 / 150

参与感营销：提升客户参与度 / 152

自媒体营销：经营好自己的"一亩三分地" / 156

短视频营销：消费者的现身说法最具影响力 / 158

Part 9
售后服务：不要让成功的销售成为"一锤子"买卖

营销工作，从来都不是"一锤子"买卖 / 164

你的老客户价值百万 / 167

面对售后问题，要比营销更用心解决 / 170

成功签约只是营销工作的开始 / 172

为客户提供超出预期的服务 / 175

后　记 / 178

Part 1
优质产品：营销成功的基础

　　优质产品，是营销成功的基础。再高明的营销，如果没有优质的产品，就像大厦失去了坚实的地基，将会摇摇欲坠，很难取得预期的营销效果。很多人都把营销想得特别难，实际上，营销也可以很简单。在优质产品的基础上，营销人员要抓住产品的卖点，对产品进行详细的介绍，了解客户的需求，对客户和产品进行精准匹配，这样营销就能成功一大半。

成为产品专家，把产品介绍到极致

作为一名营销人员，首先应该思考的问题就是，怎样把产品成功地推销给客户，从而实现产品的价值，让产品成为客户所需要的，也满足客户的需求。这里涉及到两个方面，一个方面是要挖掘客户的需求，把客户的需求与相关产品进行精准匹配；另一个方面是以产品为核心，通过详细介绍产品的功能，塑造产品的价值，满足客户的需求。显而易见，后者的做法更加高明，因为营销工作是建立在现有产品的基础上。这么做，可以避免被客户牵着鼻子走，可以以产品为本，推动营销工作顺利进行。

如果只是介绍产品，大多数营销人员在不同程度上都可以做到。之所以说是不同程度，是因为营销人员介绍产品的方式各不相同，因而效果也相差迥异。有的营销人员如同背诵课文一样把产品的说明书背诵出来，让客户根本没有听下去的欲望；有的营销人员虽有饱满的热情，却总是夸大产品的功能，把产品说得神乎其神；还有的营销人员介于冷漠和热情之间，他们把自己定位为产品的专家，从而以专业的态度，不卑不亢地、耐心细致地介绍产品。对于客户而言，他们有需要购买某一种产品，但是对于这个产品却不甚了解，为此，他们很需要专业人士的指导。在这种情况下，如果营销人员能够利用自己的专业知识成为客户心中的"专业人士"，通过对产品进行细致深入的介绍，能够满足客户的合理需求，则一定会得到客户的认可。

当然，作为营销人员的工作远远不止介绍产品那么简单，还要塑造产品的价值。举个简单的例子，有些客户目标明确要购买某一款产品，也提前对该产品进行了了解，在这种情形下，营销人员只要能以专业形象赢得客户的认可，就很容易促成交易。相比起这种情况，如果客户对于产品没有强烈需求的，营销人员要想成功销售则难上加难。具体而言，营销员需要通过介绍产品，激发客户的需求，这样一来，在客户心中，产品的价值就会水涨船高。塑造产品的价值，除了要激发客户的需求之外，还要做到以下几点。首先，要开门见山地告诉客户购买该产品的好处；其次，要夸大该产品能给客户带来的快乐与满足，并且重点阐述该产品可以帮助客户减轻甚至是避免痛苦；再次，把该产品与竞争对手的产品进行比较，促使客户下决心购买；最后，告诉客户如何购买，如何维护和保养产品，如何利用产品改变生活。

很多时候，客户之所以对产品不感兴趣，一则是因为他们没有需求，二则是因为他们对于生产产品的公司和负责销售产品的营销人员心存疑虑。当营销人员以专业的表现赢得客户的信任时，客户在内心就不会那么抵触产品，甚至还会主动去了解产品。在此关键阶段，营销人员一定要积极主动提供关于产品的资料给客户，从而让客户知道这款产品是可以更好地满足他们需求的。当然，有的时候，客户已经没有疑虑了，但是依然无法下定决心购买某种产品或者某项服务。这是为什么呢？是因为他们还没有心动，还不确定这款产品将会给他的生活带来怎样的改变。这个时候，营销人员需要发挥说服的技巧，让自己说出的话能够打动客户的心，从而使自己的产品成为客户的必需之选。

在真正去尝试说服客户之前，营销人员必须先区分清楚哪些是产品的特征、哪些是产品的优势。只有弄清楚这个问题，在说服客户的时候，营销人员才能有针对性，成功地打动客户的心，增强说服的效果。通常情况下，产品的特征指的是产品的实际构造、性能等方面的特点。例如一款手机的运行内存、储存内存，一台洗衣机的电机，一款破壁机的转速。这些都是产品的特征，而不是产品能给客户带来的好处。只有把产品的特征与客户的需求结合起来，让产品给客户带来便利，对于客户而言，这才是这款产品的好处。例如，洗衣机的电机是进口的，功效很高，能够把衣服洗得更干净；破壁机的转速很快，每分钟达到 58 000 转，所以打出来的豆浆没有渣滓，而且口感更加浓稠细腻，可以帮助人体补充优质大豆蛋白。这些都是产品的好处，是与客户的使用感受和生活体验息息相关的，值得营销人员去重点阐述。

如果没有感情的连接，就不能体现出产品的好处，那么一款产品与客户之间彼此就是独立的关系，互不相干。只有把这款产品的某些特征与客户的需求紧密地联系起来，使产品能够发挥满足客户需求、提升客户生活品质、彰显客户气质等各方面的作用，对于客户来说，这款产品才从冷冰冰的状态变得有温度，有灵魂。明智的营销人员不会毫无技巧地与客户沟通，更不会急功近利地试图劝说客户购买产品，而是会先从介绍产品的特征入手，塑造产品的价值，让优质的产品为客户所认识和接受，也让产品的各种好处成功地打动客户的心。从营销人员要卖产品给客户，到客户要买产品，这期间需要营销人员实现有效地营销。

抓住产品的卖点，成功打动客户的心

每一个营销人员都希望自己遇到的客户是专程购买产品的，这样他们的推销工作将会进展顺利，而且效率很高。反之，大多数营销人员都害怕面对没有购买需求的客户。因为面对这样对产品丝毫不感兴趣的客户，就像面对一座坚固的堡垒，很难找到突破口攻克它。事实果真如此吗？我们先来看一下在销售领域流传着的一则小故事。

有两家皮鞋厂都派出营销人员去非洲开展业务。第一家皮鞋厂的营销人员才刚刚下飞机,看到非洲人都赤裸着脚走路,赶紧给领导打电话说:"领导啊,在非洲,皮鞋根本没有销路,因为这里的人不管老幼妇孺,全都是光脚走路的,他们根本不知道皮鞋为何物。"听着营销人员沮丧的话,领导只好让他打道回府。另一家皮鞋厂的营销人员来到非洲,触目所及是各种各样赤裸的脚,他很开心,说:"领导啊,我觉得非洲的皮鞋销售市场非常大,这里的大多数人都不穿鞋,哪怕他们每个人只需要一双鞋,也够我们卖上几年的,更何况在习惯穿鞋之后,他们每个人至少要有两双皮鞋才能换着穿。"听到营销人员热情洋溢的汇报,领导当即做出指示让营销人员留在当地,负责开拓市场。几年之后,这位营销人员成为非洲分公司的总经理,而且,还在人力便宜的非洲建立了鞋厂,所生产的产品专门供应给非洲的市场销售。

很多做营销的人都知道这个小故事,那么,知道两个营销人员的前途为何截然不同吗?一个灰溜溜地回到国内,另一个在非洲开拓了自己的事业,还把皮鞋带给了非洲人民。之所以会出现这样截然相反的情况,就是因为第一个营销人员面对暂时没有需求的客户,直接选择了放弃。他只看到了绝境,而没有看到绝境中隐含着的广阔市场。而第二个营销人员的选择恰恰相反,虽然非洲人民不穿鞋,但是他却从中看到了巨大商机,因为他有信心说动非洲人民养成穿鞋的好习惯。在一片空白的市场里,他如鱼得水,游刃有余,难怪事业上会有精进的发展。

那么如何介绍产品,才能打动客户的心呢?这个问题关系到营销工作是否能继续推进。具体而言,营销人员在向客户介绍产品时,应该做到以下几个方面。

首先,要掌握对产品进行解说的秘诀。在销售过程中,作为营销人员必须向客户介绍产品,这是销售的必经流程,也是决定销售是否成功的关键因素。在介绍产品的时候，要注意两个方面，一是要暂时避开产品的价格，更多地介绍产品的特征和好处，二是切勿只卖弄嘴皮子，而没有实际演练。俗话说，耳听为虚，眼见为实。销售员只有把产品的使用过程演示给客户看，客户才会对产品有更加深入细致的了解。在演示的过程中，营销人员还要与客户进行沟通。在把每一个步骤演示完之后，及时询问客户的感受，这样才能牢牢吸引客户的注意力，让客户更加关注产品，了解产品，从而更容易接受产品。

其次，在介绍产品的时候，为了能成功地说服客户，有几种方法可以使用。即要根据不同的产品、不同的客户、不同的时间与场合，选择最为合适的方法。有些客户喜欢尝试新鲜事物，那么，就可以重点告诉客户这款产品是最新上市的；有的客户从众心理很强，那么，可以引用权威人士对这款产品的使用体验，来引导和满足客户的从众心理；如果有些客户逆反心理很强，则可以对他们采取激将法，让他们从排斥产品，到主动接受产品；也有的客户喜欢从视觉上选择产品，而不喜欢听到抽象的概念，那就可以利用产品原有的图像资料，或者根据客户需要制作图像资料，为客户进行图文并茂的展示。总而言之，营销人员要想成功地把产品推销给客户，在有优质产品的基础上，最重要的就是通过什么方式来搞定客户。

最后，在对产品进行介绍时，有一些细节需要注意。既然是展示产品，为了追求最好的效果，就要选择合适的时机，以最好的视角进行展示。作为营销人员，要对自己的产品有信心。如果营销人员本身就不认可产品，那么销售就更难以获得成功。销售行业，是一个需要充满热情和激情的行业。在介绍产品的过程中，为了营造更加惊喜的效果，还可以设置一些小小的悬念。当然，这就提高了展示产品的难度。所以，营销人员必须在此之前做好充分的准备，才能保证展示成功，取得预期的效果。其中需要注意的一点是，切勿使用客户准备购买的产品进行展示，因为这样会让极具挑战性的展示变成客户的煎熬，使客户感到反感。可以用样品进行展示，这么做既不会伤害客户要购买的产品，又能使客户更加专心地观察展示的过程，最终心满意足地购买一件全新的产品。

此外，有些时候，客户只是临时路过，一时兴起才会作短暂逗留。在这种情况下，营销人员并没有大量的时间进行产品介绍，更不可能演示产品，这时候该如何做呢？这就对销售员提出了更高的要求，即要以一句话概括产品的卖点。这句话最好能够成功地打动客户，让客户对产品产生购买的欲望。要想做到精准地击中客户的购买心，就要预设客户将会提出怎样的问题，也就是站在客户的角度上，为客户着想，揣测客户的心思。电影《泰坦尼克号》上映，票房大卖。很多人都对这部影片产生好奇，想要观看，也忍不住要问：这是一部怎样的电影呢？如果回答者说了很多，就会让听众兴致索然；如果回答者能够以一句话来概括电影的主要内容，并且成功打动听众的心，那么，听众也许第一时间就会去电影院观看这部电影。最好的回答是：在一艘豪华游轮上，一个穷困潦倒的年轻人和一位贵族千金之间发生的悲情的爱情故事。虽然整部影片长达两个多小时，一言以蔽之，却能起到良好的推销效果，这是因为抓住了影片的卖点，成功地打动了观众的心。

总而言之，对于销售成功与否，介绍产品起到极大的作用。作为营销人员，一定要以优质的产品为基础，对产品进行详细的介绍，通过各种方式吸引客户的关注，这样才能把产品推销给客户，也为成功销售奠定良好的基础。

恰到好处介绍产品，不掩藏产品的缺陷

在为客户介绍产品的时候，每一个营销人员都想竭尽所能地把产品说得天花乱坠，他们不但夸大产品所有的好处，而且还会刻意对产品的劣势和不足避而不谈。从表面看来，这么做似乎是有利于推销产品的，也的确会对那些冲动型客户产生一定的吸引力。然而，从更深的层次来看，这将会对以后的销售产生极大的负面作用，尤其是在遇到理智型客户时，营销人员的这种介绍方式将会引起客户的极大不满。常言道，金无足赤，人无完人。作为一款产品，一定是既有优点，也有缺点的，一味地对产品的缺陷避而不谈，只会让客户觉得营销人员急功近利，同时还有隐瞒和欺骗的嫌疑。

优秀的营销人员会为产品说真话，必须清楚地意识到产品既有优势，也有不足。客观公正的评价，才能打动客户的心，才能让客户信任销售员，从而对产品有更加全面的了解。在此基础上，客户选购产品之前，才能做出综合考虑和权衡，从而理性地做出购买决定。这么做，也有助于维护老客户，培养新客户。否则，营销人员尽管靠着一时的避重就轻成功地说服客户购买产品，等到客户在使用过程中发现产品的不足时，则一定会对营销人员感到非常不满，等到再次需要购买类似产品或者有亲戚朋友等人需要购买类似产品时，他们非但不会把营销人员推荐给亲戚朋友，还会劝说亲戚朋友们一定要远离这个不诚实的营销人员。这就是营销人员与客户之间的信任大厦坍塌的实例，对于营销人员而言，没有什么问题比这个

更加严重，它会使销售失去生命力，失去可持续发展的可能。

当然，恰如其分地介绍产品，不掩藏，不欺骗，并非是简单地对客户罗列产品的缺陷。虽然营销人员要对客户保持诚信，勇敢地向客户讲述产品的不足和缺陷，但是这里需要讲究方式方法和沟通技巧。有些客户的戒备心理很强，虽然营销人员已经坦诚地说出了产品的不足，但是他们仍然会对营销人员表示质疑；也有的客户心理承受能力较弱，他们只追求"完美"的产品，因而当营销人员毫不掩饰地说出产品的缺陷时，他们根本不能接受，最终决定放弃购买产品。有技巧的营销人员不仅会以合适的方式告诉客户产品存在哪些缺点，也会注重销售的效果，力争让客户能理性地综合评价产品，最终产生购买意愿，做出购买行为。

最近，马瑞作为某品牌破壁机的推销员，负责在超市里进行大力度推销。品牌促销的力度非常大，已经做到最大限度让利于消费者，因为该产品是新上市的破壁机品牌，需要尽快地抢战市场份额。

马瑞将准备好的展示桌摆放在超市内人流密集的一个通道口。他一直在重复地做着破壁实验，有几个顾客被马瑞吸引住，驻足围观。马瑞正在用干黄豆打豆浆，豆浆非常细腻香醇，马瑞将其倒入一次性小杯子，给围观的顾客品尝。顾客品尝完之后，不禁发出啧啧赞叹："这个破壁机打出来的豆浆真好喝，还没有渣呢！"马瑞趁机介绍破壁机："我们的破壁机转速每分钟高达58000转，虽然价格是699元，但是效果完全比得上两三千元的破壁机。我们是新品牌新产品，做到最大限度让利消费者，眼下不为挣钱，只为打出品牌。"有一个顾客问："你们价格可比两三千元少多了，怎么保证质量呢？是不是配件用得不好？"马瑞说："我们承诺产品五年内出现质量问题免费换新，要是质量不好，我们怎么敢这么做呢？就是因为质量太好了，我们有信心在如今破壁机品牌这么多、竞争这么激烈的情况下，抢占市场。不过，我们有一点是比不上一个老品牌破壁机的。"看到马瑞卖关子，顾客们马上问："哪一点？我就说肯定得有不如人家的地方么，否则怎么这么便宜呢？"马瑞拿起破壁机的杯子，说："这个杯子是用高硼硅玻璃做的，有一个老品牌破壁机的壁体厚0.8毫米，我们的杯体厚度是0.6毫米。"顾客唏嘘道："当然是越厚越好啦！"马瑞笑起来，说："的确，在其他性能相同的情况下，一定是越厚越好。不过，我们的破壁机转速每分钟是58000转，那个老品牌破壁机的转速只有36000转，我觉得只要不掉落在地上，其实杯壁厚薄相差一点并没有太大的区别。退一步来说，如果真的掉在地上，也只有很小的可能会因为杯壁的厚度不同，而产生不同的结果。您是行家，一定知道电机是破壁机的灵魂，因为电机性能的强弱决定了它的转速。转得越快，研磨食物才更细腻。"听了马瑞的一番分析，顾客连连点头。很快，有一个顾客决定购买，还不等这个顾客交完钱呢，就又有两个顾客购买。就这样，马瑞在短短的时间里推销出去了三台破壁机。

马瑞为何能成功地打动顾客的心，让原本没有购买需求，只是在看热闹的顾客，产生了购买欲望，并且做出购买决定呢？因为他抓住了产品的卖点来打动顾客，即该款破壁机的性价比很高，堪比价值两三千元的破壁机效果；在介绍产品的优势之后，坦诚说出了产品的劣势，即杯壁与老品牌的破壁机相差0.2毫米。这么说，既让客户知道马瑞的真诚，也让客户更加信任马瑞。主动地说出产品的一些小瑕疵，让客户知道产品并非是完美无瑕的，让客户更加全面地认识产品，才能赢得客户信任。当然，在说出产品不足的时候，要以非常巧妙的方式去表达。例如，上面事例中的马瑞，他先是自曝其短，说自家的破壁机杯壁略薄，接着凸显出自家破壁机的转速比老品牌破壁机快，还告诉客户杯壁的厚薄对于产品的使用没有根本性影响，如果真的摔落，则杯壁厚薄不能从根本上决定杯子的命运。这样的一番话，说得有条有理，逻辑清晰，既说出了产品的不足，也凸显了产品的优势，所以才能成功打动客户的心。

俗话说，嫌货才是买货人。有很多客户，他们会故意挑剔产品，吹毛求疵，目的就是更深入地了解产品，或者压低产品的价格。对于这样的客户，营销人员必须慎重对待，不要因为客户"难伺候"，就对客户百般怨怼，而是要耐心细致地针对客户提出的问题进行解释。当营销人员把客户心中所有的疑虑都打消了，自然就能够达成销售。也有极个别的客户就像专门来咨询的一样，会在提出各种问题之后一声不吭，转身离开。面对这样的客户，销售员要表现出良好的职业素养，切勿指责或者抱怨客户。要知道，客户不管是决定购买，还是放弃购买，都有他们自己的原因。常言道，买卖不成仁义在。销售员既要对客户笑脸相迎，也要对客户做到笑脸相送，这样才能争取到下一次销售的机会。越是在客户拒绝的时候，越是要表现出营销人员的职业素养和人格魅力。也可以这样说，作为营销人员，只有从容地面对拒绝，才能更快地提升自身的销售能力和魅力。因为真正成功的销售，是要把自己先推销出去，然后才是把产品推销出去。不管是告诉客户产品的缺陷，还是友好地面对客户的拒绝，都是营销人员先推销自己，继而再推销产品。这是销售的智慧，也是销售的艺术。

把握客户需求点，对产品进行重点介绍

销售到底应该是以产品为本，还是以客户为本？如果选择以产品为本，那么，我们只能"王婆卖瓜，自卖自夸"。这样的销售略显被动，只能在介绍产品之后，等着客户做出购买决策，相当于把购买的主动权完全交给客户。由此可见，纯粹地以产品为本进行推销，很难满足现在销售市场的需要，也很难促使客户下定决心购买。但是，如果单纯地以客户为本

呢？客户对产品的需求千奇百怪、千变万化，可以说每个客户的需求都是不同的。而作为营销人员所推销的产品在短期内却是固定的，这样一来，如何以不变的产品应付万变的客户呢？所以说，单纯以客户需求为主也是行不通的。合格的营销人员，必须把产品与客户的需求结合起来，重点突出客户的需求点，然后结合产品的特点，对产品进行介绍，这样才能给予客户更好的引导，与客户顺利达成交易。

具体而言，营销人员既不能完全被客户牵着鼻子走，又不能无视客户的需求，这样就需要营销人员必须把握好一个合适的度，既关注客户的需求，又引导客户的需求，这样才能提升销售的效率，增加销售成功的概率。要想做到这一点，营销人员首先要认真地倾听客户的诉求，倾听不仅是了解客户心理的最好方式，还可以表现出对客户的尊重。有些营销人员很心急，一旦看到客户，就不由分说地开始介绍产品，喋喋不休、口干舌燥地说了很久，才发现客户根本对产品不感兴趣，也没有需求，纯粹是白费力气。先确定客户对产品有意向，或者表现出兴趣，再以倾听的方式了解客户的需求，最终针对客户的重点需求进行介绍，这样才能让销售工作卓有成效。一件产品即使再好，如果不符合客户的需求，对于客户来说就是没有价值的，或者价值很小。反之，一件产品哪怕不那么完美，或者性能不全面，或者价格太贵，但是只要符合客户的需求，对客户而言就是有价值的，也就能打动客户的心。营销人员在做推销的过程中，需要做好的重点工作之一，就是把产品的优势转化为对客户的益处，从而让客户对产品印象深刻，也让客户产生购买产品的强烈意向。

伟大的成功学大师卡耐基，每年都要开办短期培训班，给来自全国各地的学员们进行培训。今年，卡耐基早早地就开始准备培训事宜，而且在一家大酒店付了定金，租用酒店大堂一个月。确定培训的地点之后，卡耐基陆陆续续地把培训通知发给学员们，就等着迎接学员们从各地赶来参加培训。然而，就在培训即将开始的一个星期前，酒店经理突然发了一个通知给卡耐基："卡耐基先生，不得不遗憾地通知您，鉴于最近酒店进入销售旺季，你必须支付三倍于此前的价格，我们才能把酒店大堂继续租给您使用。"看到这则通知，卡耐基忍不住火冒三丈：我已经与酒店签订了协议，也付了定金，他们凭什么突然提价，要求我必须支付三倍的租金呢？这不公平，也不符合合同约定。卡耐基冲动地想要去找酒店经理理论，然而，思考片刻，他决定冷静下来解决问题。经过一番思考，卡耐基带着平静的心情去找酒店经理。

他对酒店经理说："坦白地说，刚刚接到你们的通知时，我无法理解，也深感震惊。但是仔细想想，我认为您是有苦衷的，毕竟你是酒店的负责人，要为酒店盈利着想，否则，你如何能够坐稳这个位置呢？不过，我认为关于增长租金这件事情，您还可以考虑一下。让我来给您算笔账吧。"说着，卡耐基拿出纸笔，认认真真地给酒店经理算了一笔账："如果您把酒店租给那些开舞会的人用，他们每个晚上支付的租金的确比我每天为大堂支付的租金高出很多，而且，假设他们将会连续租用三十天，那么您租给我一定会吃大亏。但是，他们不可能连续租用一个月，当中间出现空档期，整体核算下来，您得到的租金与直接租给我一个月是相差不多的。您知道，我是举办成功培训班，而且我的培训费很高，那么，我为什么有那么多学员呢？这是因为我的学员们都是有钱人，他们大多有自己的事业，所以才愿意花费重金提升自己。在您的酒店召开培训班，我想他们基本不会去其他酒店入住，而是选择就近入住。因为对于时间就是金钱的他们而言，这是节省时间的好方式。此外，一旦他们在贵酒店享受了优质的服务，未来他们到这个城市出差，怎么会再冒险地选择一家新酒店入住呢？想想吧，我的培训班将会给您们带来多么大的潜在收益，这可是比您花费重金去做广告的效果要好得多。"在聆听了卡耐基的一番分析之后，酒店经理连连点头，对卡耐基说："好的，我会和上级主管再商议这件事情，尽快给您回复。"当天晚些时候，酒店经理就通知卡耐基："您只需要付出1.5倍的房租，就可以继续租用大堂。"对于这个结果，卡耐基非常满意。

在这个事例中，卡耐基的身份非常微妙，虽然他原本是酒店的上帝——客户，但是面对酒店要涨租金的事实，他必须把自己变成营销人员，把自己的培训班推销给酒店，让酒店从中得到切实的利益和看得见的好处。作为成功学大师，卡耐基深谙酒店管理层的心理，也知道酒店经营的最大目的。因而他准确地把握酒店的需求，进行深入的分析，把话说得头头是道，成功地打动了酒店经理的心。虽然这件事情从本质上而言是酒店出尔反尔、见利忘义，但是卡耐基没有指责酒店经理，而是站在酒店的角度思考问题，这就消除了酒店经理的戒备心，也为沟通奠定了良好的基础。在这里，卡耐基还利用了纸笔和数字，来切实有效地解决问题。他突出了自己举办培训班给酒店带来的收益，这绝不只是租金，而是相当于给酒店做了广告，且招揽到了很多潜在顾客。在夸大好处的情况下，卡耐基没有回避自己的劣势，坦言自己每天付出的房租，是没有舞会的日租金高的。但是，舞会不是天天都开，培训班却可以连续租用一个月，因而从整体而言，培训班的租金和舞会的租金相差并不大。

作为营销人员，要想促使销售达成，就要把握客户的重点需求，再结合产品的特点进行重点介绍。如果不能把话说到客户的心里去，即使营销人员说得再多，也是没有意义的。反之，如果能够打动客户的心，那么营销人员就可以以语言作为推动力，促使客户决定购买。沟通是人与人之间的桥梁，尤其是在销售工作中，把话说好更是至关重要。明智的营销人员会在进行推销之前，熟悉产品，了解客户，从而让自己说出的每一句话都能打动客户的心，也能有效地促使客户做出明智的选择和决定。

以惊艳的方式，把自己和产品一起呈现给客户

销售行业的竞争非常激烈，不但同质化产品众多，而且还会搞销售员的"人海战术"，通过投入大量的营销人员进行推销，来实现提升销售额的目的。那么，如何才能让产品从同质化产品中脱颖而出，如何能让自己给客户留下深刻的印象呢？这是每一个营销人员都必须认真思考的问题。因为只有做到这一点，我们才能让自己和产品同时进入客户的心里，成功激发客户的购买欲望，促使客户做出购买决定。

有诗云"万绿丛中一点红"。看到这句话，我们的眼前会浮现出一幅场景，即在绿草茵茵的草地上，有一朵红色的花开得正艳，我们的目光马上被吸引过去，欣赏着花朵的美丽。为何红花这么显眼呢？如果在一大片花圃里开满了红花，那么，一朵红花很难吸引我们的注意力。反之，如果在一大片草地上，稀疏地开着几朵红花，那么我们想不看到红花都难。这是因为红花与绿草截然不同，在绿草的衬托下，红花产生了惊艳的效果。作为销售员，如果能在激烈的竞争中，以惊艳的方式来呈现自己和产品，那么也一定会具有很大的吸引力。

在销售行业，做到专业、服务，已经成为必备的要素。对于客户，也许在一天的时间里，他们会接待很多上门推销的推销员。即使亲自去商场里选购物品，作为顾客在面对琳琅满目的商品时，也难免会看花了眼。在专业、服务作为基础的情况下，营销人员只凭这两点当然很难突出，必须有自己的独到之处，才能给客户留下深刻的印象。从心理学的角度来看，

在人与人相处中，如何给对方留下深刻的第一印象很重要。这就是首因效应。一个人如果在与他人初次见面的时候，就给他人留下良好的印象，那么，他与对方接下来的相处就会变得相对容易。反之，一个人如果在初次见面时就给他人留下恶劣的印象，那么未来想扭转印象，就要付出加倍的努力，即使这样也未必会取得很好的效果。那么，到底怎么做，才能令客户感到惊艳，让客户对我们印象深刻呢？

当大多数人都在进行口头推销的时候，你为何不试着演示你的产品？当然，如果你所推销的产品没有办法实地做演示，那么，为何不借助于电子产品进行演示呢？演示产品的方式有很多，作为营销人员，也许不能把自己的出场设计得太过另类，却可以通过独特的演示来彰显自己的与众不同。采取何种方式演示，会展现出营销人员对于这次销售行为的用心程度，甚至还会决定营销人员能否给客户留下深刻的印象。随着社会的发展，科技手段不断更新，只要有心，总能找出合适的演示方法。必要的时候，我们还可以向他人求助。

当然，营销员依然要先推销自己，才能推销产品，这会大大提升销售成功的概率。要想以惊艳的方式出现在客户面前，只是做一些表面文章是远远不够的，还要提升自己的职业素养，增强自己的专业能力，让自己由内而外地散发魅力。令人惊艳的方式有很多，我们必须把握惊艳元素，才能收到惊艳的效果。除了要有与众不同之外，还要做好很多的小细节。例如，在销售工作正式开始之前做好充分准备，提前到达会场等待，增强自己的辨识度，穿着得体气质优雅，要有信心等这些小细节看起来微不足道，但只要坚持做好每一个细节，就会产生良好的效果。

作为一名广告牌推销员，刘军每天都会在背包里装满小型广告牌，去写字楼里的各家公司里进行推销。这一天，刘军接连拜访了十几家公司都一无所获，他决定在午饭之前再拜访一家公司。根据电梯口的指示牌，他来到了一家做演艺事业的公司。他问负责人："请问，您这里需要招聘员工吗？"负责人抬起头看着刘军，又摇摇头，说："不需要，我们已经满员了。"刘军面对拒绝丝毫没有在意，似乎他就等着负责人的回答呢！只见他笑眯眯地拿出提前准备好的广告牌，边给负责人看，边说："那么，你们一定需要这个。"负责人忍不住笑起来，刘军拿出来的到底是什么广告牌呢？原来，广告牌上写着："满员谢绝求职"。刘军趁热打铁："领导，您每天一定会面对很多推销人员，也会面对很多的求职者，有了这样的牌子，您就可以免遭打扰，无需再那么多次摇头和拒绝了。您可以再选购一块'谢绝推销'，这是不管什么时候都能用得着的。不过，只有您这个办公室里有还不够，最好能在前台也放上这样的牌子，这样您的办公室肯定会清静很多。"负责人由衷地对刘军竖起大拇指，说："名片留给我吧，只要有需要，我一定联系你。"虽然这一次推销，负责人没有给刘军订单，但是刘军感到很开心，也很有成就感，因为他以足够惊艳的方式给负责人留下了深刻的印象。

作为营销人员，一定要让客户感到惊艳，这样才能与客户更加亲近，给客户留下良好的印象。否则，如果刚刚向客户告辞，就被客户忘记了，那么再相见依然是没有任何沟通的基础，也会导致销售的效果大打折扣。虽然惊艳的元素未必能够保证销售成功，但是有惊艳的效果，总比平淡无奇来得更好。

对于每一个营销人员而言，把惊艳的元素加入销售之中，是一个很大的挑战，需要更加用心地策划销售过程，也需要追求独特的销售效果。对于一切销售形式而言，最终极的目标就是签单。因而，如果想提升签单的成功率，我们就必须努力地令客户惊艳，即使不能让销售变得水到渠成，至少也可以给客户留下深刻的印象，这个过程就像是在给销售做铺垫，做准备，对于促成销售大有裨益。

Part 2
营销主体：营销就是要搞定人

销售行为最终要落实到人。所谓人，就是客户，只有搞定人，只有让客户认可产品，才能成功地达成交易。有些营销人员误以为营销的主体是产品，因而他们只能做到兜售产品这一步，使营销浮于表面，没有很好的效果。有些营销人员对于销售有更深刻的理解，知道营销的主体是客户，而营销的本质就是搞定客户。只有正确理解与认识销售，营销员才能推动销售工作向前发展，距离成交越来越近，直到成功地把产品推销给客户，达成交易。

激发客户好奇心，让他们迫不及待

每个人都有好奇心，面对各种新鲜事物，人总是会情不自禁地想要尝试，想要一探究竟。在好奇心的驱使下，人类社会不断地向前发展，精神文明也在持续地进步。在好奇心的驱动下，人们会更加深入地探索和认知各种自然现象，也探求各种事物表象下隐藏的真相。可以说，好奇心是人类进步的驱动力，也是人类文明发展的源动力。在人类所有的行为动机中，好奇心的动力最为强劲。在销售过程中，如果营销人员能够激发人们的好奇心，也就能利用好奇心来驱使人们购买，那么效果一定会非常显著。

要想在推销过程中激发客户的好奇心，营销人员有各种方式可以采用。例如，设置悬念，故弄玄虚地夸大产品的某个优点或者缺点，或者是其他的与众不同之处。这样一来，客户就会更加关注产品，也会加深对产品的了解。还可以采取"倒叙"的方式来展示产品的独特成果，例如，邀请客户喝一杯鲜榨豆浆，或者请客户吃一个新鲜出炉的蛋挞。当客户品尝到美味，自然会对制造它们的机器产生浓郁的兴趣。这样一来，从营销人员销售产品，到客户主动了解产品，销售工作便前进了一大步。

作为一名水果批发商，乔治有一个很大的冷藏仓库。因为仓库突发大火，乔治还没有来得及放入冷藏柜里的香蕉全都被烧得焦黑。乔治看着黑乎乎的香蕉，非常心痛，他拨开一个香蕉吃了起来，发现被烧烤过的香蕉，居然多了几分香甜，还有细腻的口感。乔治舍不得把这些香蕉全都扔掉，为了尽量减少自己的损失，于是，他决定把香蕉便宜出售。这一天，他和水果店的员工们一起在街道上卖香蕉。然而，很多顾客一看到香蕉黑乎乎的样子，就转身离开了。乔治很着急，烧烤过的香蕉存放不了几天。可是，如何才能打开销路呢？

他苦思冥想，想到了一个好办法。他准备了一个烧烤用的大铁炉，把香蕉放在大铁炉里烤制，然后吆喝着："热乎乎，又香又甜又软和的烤香蕉嘞，走过路过不要错过啊！"对于感兴趣的顾客，乔治都很慷慨地赠送给对方一根香蕉，并且让对方吃好了再买。虽然乔治对香蕉的定价高于普通的优质香蕉，但是顾客们在吃过一根香蕉后，都很踊跃地购买，并且夸赞说乔治发现了一款新美食。就这样，乔治顺利地把香蕉销售一空，后来还专门开了一家烤香蕉店，继续为顾客们提供美味的烤香蕉！

面对被突如其来的大火袭击的香蕉，乔治感到很痛心，既然舍不得扔掉香蕉，就只能想办法把香蕉卖出去。看到黑黢黢的香蕉，人们根本不感兴趣，为了掩饰香蕉的缺点，乔治灵机一动，采取了现烤现卖的方法，并且慷慨地赠送美味的烤香蕉给人们品尝，居然火爆地销售一空。这就是因为乔治激发起人们的好奇心，让吃惯了新鲜香蕉的人，在吃到烤香蕉之后，对于烤香蕉的味道感到好奇，后来是非常喜爱。

每个人对于新鲜事物都有好奇之心。尤其是在销售新产品的时候，营销人员要想尽快打开销售局面，就更要激发起客户的好奇心，让客户从被动接受产品介绍，到主动询问产品的信息。当然，有些产品是新产品，具有新鲜的卖点。有些产品是老款的产品，也许依靠正常的产品介绍已经无法激发客户的好奇心了。那么，营销人员还可以故意地把产品卖点神秘化，让原本平淡无奇的产品变得极富吸引力，这样才能吸引客户关注。在激发客户好奇心的过程中，营销人员还可以采取欲擒故纵的方法，诸如不要如同竹筒倒豆子一样把产品的卖点全都说出来，而是采取"犹抱琵琶半遮面"的方式，欲语还休，只透露一部分信息给客户，激起客户想要深入了解产品的欲望。当然，在采取这种方式激发客户好奇心的时候，要尽量做得自然，不要让刻意的痕迹太浓，否则会引起客户的反感，导致事与愿违。

当激发起客户的好奇心时，销售就已经向着成功的方向前进了一大步。真正高明的营销人员，会抓住一切的机会激发客户的好奇心，也会以客户的好奇心作为自己的销售助力，促使客户迫不及待地达成交易。

百闻不如一见，让客户亲身体验

销售不是独角戏。只是有些营销人员没有深刻理解销售的含义，所以把销售变成了独角戏。营销人员要清楚地认知到销售是互动的过程，遗憾的是很多营销人员只顾自己滔滔不绝地讲，既不倾听客户的需求，也不了解客户的想法。如果销售员有热情，还能感染作为观众的顾客，但是很难激发起顾客的热情；如果销售员缺乏热情，则根本不可能打动顾客，更无法促使客户产生购买的欲望。要想充分调动客户的情绪，激发客户的购买欲望，让客户对于购买行为充满激情，营销人员在对客户进行产品介绍的时候，就一定要激励客户多多参与，而不要任由客户当一个无动于衷的听众。

从心理学的角度来说，客户在亲身体验，参与实践的过程中，会比单纯当听众更加投入。这是因为当客户调动更多的感官参与活动时，他们就会对产品产生更深刻的认知，同时也会对产品有更深入的了解。尤其是当客户亲身体验自己可以掌握产品的操作模式，并且让产品为自己所用，在提升生活品质方面有需求时，就会在不知不觉间产生购买欲望，也会更加积极地表现出购买的欲望。此外，在合作演示产品的过程中，客户将会和营销人员密切配合，这是一种非常微妙的关系变化，会让客户从与营销人员的对立状态，变成与营销人员成为合作者。在此过程中，客户的心态也会发生改变，他会先入为主地接纳产品，从而放大产品的优势与长处，缩小产品的劣势与短处。由此可想而知，当客户的心态有了这样的改变，营销人员对客户展开推销，就会变得水到渠成，效率自然倍增。

让客户参与展示活动，不仅仅体现在实际操作方面，也体现在引导客户回答问题方面。在心理学领域，有一个很神奇的现象，即思维定势现象。要想始终得到客户肯定的回答，在与客户进行语言互动之前，营销人员应该提前准备一些需要客户回答"是"的问题。这样一来，当营销人员在对客户提问的时候，客户就会一直在回答"是"，渐渐地形成思维定势，当客户面对接下来的问题想要做出否定的时候，也会因为先前形成的思维定势而继续肯定地回答营销人员。而且，在这样的思维引导过程中，客户会循着销售员的思路，认识到产品具有众多的优势，而缺点是不值一提的。显然，在经过这样的一番互动之后，营销人员和客户的沟通会很顺利，很愉快，而且也能够促使交易达成。

有些营销人员因为急于促成交易，总是会迫不及待地、夸张地向客户介绍产品。他们试图以这样的方式吸引客户的关注，殊不知，这么做有一个很大的弊端，那就是导致客户对于产品的预期过高，等到真正看到产品并开始试用时，客户往往会对产品感到不满意。有些营销人员恰恰相反，他们不会在客户没有见到真实的产品之前，就在客户面前不负责任地吹嘘，把产品说得天花乱坠，相反，他们明白欲擒故纵的道理，因而会刻意把产品说得低于客户的预期，而他们自己则心知肚明产品是超过客户预期的。这样等客户见到真正的产品，就会对产品非常满意，自然也就会主动购买。当然，要想让这个销售技巧生效，最重要的是说服客户见到真正的产品，否则，前面欲擒故纵的铺垫只会把客户吓跑，让客户根本没有欲望更深入地了解产品。成功使用这个技巧达到销售目的的关键在于，要让客户参与，亲眼见到产品，亲自使用产品，亲身感受产品。

作为一名房地产推销员，卓玛的销售策略和其他同事的销售策略截然不同。大多数同事每次向客户推销房子时，都会把房子说得特别好，似乎不买这个房子就是吃了最大的亏，上了最大的当一样。他们就是凭着这样的"忽悠"把客户带去看房的。虽然因此争取到了去实地看房的机会，但是并没有良好的效果。这是因为在他们的夸大其词之后，客户对于房子产生了过高的预期，所以当真的看到房子时，客户总是对各个地方都不满意："房子哪里有你说得那么好？""房子的采光很差，不像你说的那样敞亮。""你们销售员就是会不切实际地信口胡说，早知道房子是这样，我就不来看了。""我就说吧，哪里有那么完美又那么便宜的房子呢！"……这些同事带客户看房的次数很多，但是成交量却很少。

卓玛的做法和他们都不同。卓玛在对客户描述房子的时候，只描述房子七八分的好，以此来"勾引"起客户看房的欲望，促成实地看房。因为此前的铺垫已经降低了客户对于房子的心理预期，因此等到真正看房的时候，客户常常感到惊喜："哇，这里居然有个转角阳台，视野特别好！""这个房子虽然在低楼层，但是前面很开阔，采光一点儿都不受影响。""你说什么？房主要把家具电器都留下，那我们拎包入住就行了呀，这些家具还很新呢，维护得也特别好。"……就这样，卓玛的客户进入房子里就开始找惊喜，随着惊喜越来越多，他们对于房子更加满意，购买的意向也更强烈。卓玛的销售业绩非常稳定，他带着客户实地看房的次数很多，而且成交的概率也很高。很多同事都向卓玛取经，希望能和卓玛学习到高效成交的技巧。

卓玛无疑是充满智慧的销售员，他知道不能提高客户对产品的心理预期，也知道只有带着客户实地看房，才能让客户亲身感受房子的格局、采光、装修等情况。当客户心里得到超出预期的满足时，他们的购买欲望会更强烈。

俗话说，百闻不如一见。人们对于听到的东西，总是没有对亲眼看到的东西那么相信，这是因为听仅仅是调动了听觉器官，而看，不仅是调动了视觉器官，又因为看到之后能用手摸，甚至还可以亲自去体验和感受，所以还调动了触感。当客户对真实的产品可听、可见、可触、可感，他们当然会在事实面前打消心中的疑虑，也会对产品更感兴趣，对营销人员更加信任。这些都是成功销售的基础，只有做好铺垫，销售才能水到渠成。

用好证人，说服客户才能事半功倍

还记得小时候看香港影视剧时，屏幕上出现的头戴发套的法官和陪审员吗？那发套看上去很奇怪，但是不管男法官还是女法官，都会带着同样的发套，传唤证人出庭作证。在我们幼小稚嫩的心灵中，对此一定印象深刻，也会在证人出庭之后长嘘一口气：证人来了，案情可以真相大白了。法官们对于证人的证词，十分重视，会根据证词以及分析贯穿整个案件的情节做出判断，认真严格地做到不放过一个坏人，不冤枉一个好人。如果说证人能够让非常复杂、千头万绪的案情变得简单明了，那么，证人能否让销售的流程也得以简化，并且推动销售向前发展，促使客户下定决心购买商品呢？事实证明，如果用好证人，的确能够在说服客户的时候，起到事半功倍的效果。

证人不管是在法庭上，还是在销售过程中，所起到的作用都是不容忽视的。把销售工作做好，并不比判断案情简单容易。真正高明的营销人员，不但能够洞察客户的心理状态，而且能够通过恰到好处地表达，激发客户的购买热情，促使客户下定决心去购买产品。

作为一家旅游公司的销售员，林丹的工作就是向不同的客户推销各类旅游产品。当然，她不是盲目推荐，而是根据客户的意向目的地、经费预算、时间安排等，有针对性地对客户进行推荐。众所周知，如今旅游市场非常火爆，各种各样的旅游公司也如同雨后春笋般地冒出来，同行业之间的竞争异常激烈。即便是在同一家公司，同样作为销售员，林丹和同事们之间也存在竞争关系。如何才能从竞争中脱颖而出，让自己付出的努力能够得到认可，并获得丰厚的回报呢？林丹对这个问题进行了深入的思考，最后她决定从一个细节开始做起。

林丹把自己已经成交的旅游合同都复印下来，然后装在随身携带的公文包里。每当需要和客户面对面交谈时，在针对旅游产品进行深入讨论的时候，林丹都会拿出这些复印件，告诉客户："这是我之前成交的客户，如果您愿意，我可以帮助您拨通他的电话，我想，从游客的角度对这条线路进行评价，他是最有发言权的。虽然我有的时候为了熟悉旅游路线，也会跟着公司的旅游团一起出行，但因为我不是一个纯粹的游客，所以我的体验和感受未必和游客相同。"有的时候，林丹没有机会面见客户，就需要在网络上与客户沟通，她也会筛选一些成交的老客户介绍给新客户，让新客户自己去向老客户请教。一开始，这种做法并没有取得立竿见影的效果，但是当林丹坚持这么去做了一段时间后，效果越来越显著。很快，林丹成为公司里的销售明星，私底下和客户们都成为了很好的朋友，他们时常彼此问候，当然，老客户们也会为林丹推荐一些新客户。

让新客户向老客户讨教旅游攻略，听起来，这个想法似乎不可行。因为我们会担心老客户是否愿意和新客户分享旅游经验，或者是否愿意耐心地和新客户说起旅游的经历和体验。事实证明，只要销售人员平日里很用心地维护老客户，提前和老客户打好招呼，而且选择在不会妨碍老客户工作或者休息的时间段里给老客户打电话，老客户还是很愿意和新客户沟通的。这是一个极其有效的说服方法，而且花费的成本很低。当销售人员习惯于使用这个方法去促成销售时，他们一定会乐此不疲，并坚持使用。

在选择证人的时候，需要注意以下几个方面。首先，最好选择与新客户认识的老客户作为证人。对于自己熟悉的人，人们更愿意选择去相信，再加上有此前的相处作为铺垫，因而沟通起来会更顺利，效果也会更好。其次，如果没有那么碰巧找到与新客户认识且熟悉的老客户，那么，可以选择和新客户在同一家公司任职、在同一幢写字楼里办公，或者是选择毕业于同一所学校、来自同一个城市的人来作为证人。如果找到新客户与老客户的共同点，或者是连接点，那么说服的效果将会大大增强。最后，要选择和新客户年龄相差不多的老客户来作为证人，同龄人之间沟通与服务新客户购买产品相对更容易。如今，人们很喜欢"代沟"这个词语，每当不同年龄的人之间无法顺畅沟通，不能做到心意相通的时候，人们就以这个词来作为概括。实际上，代沟的确存在，也不以年龄作为唯一的评定标准。但是要想让原本陌生的人之间有更多的话题，选择年龄相差不多的人进行沟通，是比较稳妥的做法。当不知道新客户与老客户是否有代沟的时候，为何不选择与新客户年龄差不多的老客户作为证人呢？

即使是有了证人的"证词"，新客户在一开始并不一定会很相信营销人员，但是随着加入的人越来越多，他们对营销人员的信任度会逐渐增强。明智的营销人员知道，与其说得口干舌燥也无法让客户信服，不如使用"证人"，在最短的时间内赢得客户的信任。所谓"证人出马，一个顶俩"，在关键时刻，证人还是很有用的。

成为领路人，带领客户去消费

营销人员的任务绝不仅仅是把产品呈献给客户，然后就等着客户做出购买决策这么简单。这样的销售是卖东西，而不是营销。真正高明的营销，会把产品的特点与客户的需求结合起来，在此基础上引导客户进行消费。对于那些固执型的客户，营销人员要想对其展开引导很难。然而，大多数客户并不那么固执，他们在购买产品的时候，会把营销人员当成是专业人员，因而很重视营销人员对产品的介绍，也并不反感营销人员对于他们的引导。介于这两种客户之间的是大多数客户，既不排斥、反感营销人员，也不认可和信任营销人员。面对这一类的客户群体，营销人员要想促使交易达成，就必须学会如何赢得客户的信任，从而成为客户的"领路人"。当然，这一切都要在潜移默化中进行，否则，哪怕营销人员要求客户要信任他们，客户也不会乖乖听话的。

从思维的角度来说，人的思维有很强的惰性，特别是在精神很紧张疲惫或者极度松弛愉悦的时候，惰性的表现更加明显。这种情况下，人们对外界不再那么警惕，对于身边的人也没有那么怀疑，他们心态平和，想以更友好的方式与外界的人和事情相处，从主观意愿上来讲，他们是愿意接受他人意见的。营销人员要抓住这个机会，在不知不觉间影响客户，也引领着客户的思路，一步一步地朝着既定目标走。这样的引导不露痕迹，也不会招致客户的反感，不可谓不高明，这可算是销售的至高境界。

在繁华的市场里，有两家肉摊挨在一起，一个是张家肉铺，一个是李家肉铺。他们的档口位置都很好，处于市场上客户川流不息的巷子口。然而，李家肉铺的生意明显比张家肉铺好，每天都要多卖出去好几百斤的猪肉。这是为什么呢？张家老板认真思考生意不如李家火爆的原因，却百思不得其解。

有一天，李家肉铺因为家里有事情，歇业了。李家肉铺的老主顾——一位营销专家，只好来到张家肉铺上买肉。张家老板热情地问营销专家："老总，您是想买肉吗？"营销专家反问张家老板："不买肉，我来你这里干什么？"张家老板笑了笑，说："您想吃哪里的肉？"营销专家又反问："哪里的肉最好吃呢？"张家老板沉思片刻，说："您想吃带骨头的，就买排骨；您想吃精肉，就吃小里脊；如果想红烧，就吃五花肉。"营销专家忍不住笑起来，说："我问你，你家生意好，还是李家生意好？"这个问题问到了张家老板的心坎上，他有些失落地说："我家的肉一点儿也不比李家的差，但是不知道为什么，生意就是没有他家好。"营销专家说："你给我挑选上好的排骨，我来告诉你原因。"张家老板有些难以置信："真的吗？你真的知道原因吗？这个问题，我可是绞尽脑汁都没有想明白。"营销专家说："快挑排骨吧，只要你为我挑选的排骨好，问题就能迎刃而解。"

张家老板给营销专家挑了一块最好的排骨，营销专家说："我都来到你的肉摊前了，你还问我是不是要买肉，我都问你哪里的肉最好吃了，你才知道要让我买什么肉。我每次来李家买肉，李家老板就是干脆利索一句话：'老总，吃排骨还是吃五花肉，要几斤？'我呢，我是干脆利索的人，直接告诉他'来三斤排骨'或者'来二斤五花肉'。"张家老板还有些不明就里，营销专家忍不住说："你可真是榆木疙瘩脑袋啊。你问我吃不吃肉，如果我在犹豫是否吃肉呢，很有可能回答你不吃。你问我吃什么肉，说不定我会觉得什么肉都不好吃，就摇摇头走了。李家老板的提问一针见血，只是让我告诉他要买几斤什么肉就行。我的疑问都没啦，也不犹豫啦，直接选择买几斤排骨，或者几斤五花肉，你说他的生意好不好做？"张家老板一拍脑门："原来如此！我说我家档口、肉的品质，都不比李家差，为何生意就做不过李家呢？！"张家老板情商暴涨，死活也不收营销专家的排骨钱，还说自己是赚了便宜，用这点儿排骨就取得了真经。后来，张家老板改变了问话的方式，渐渐地生意也越来越好，和李家不相上下。

说起引导客户消费，很多营销人员都会觉得特别难以实现：钱在客户的口袋里，脑袋长在客户的脖子上，我们是想从客户口袋里往外掏钱的，客户怎么可能听我们的呢？这么想当然也没错，毕竟买卖之间存在根本的对立关系，每一个卖家都想赚取更大的利润，而每一个买家都想尽量节省金钱买到物美价廉的产品。在这样微妙的关系中，营销人员如何才能成功地引导客户呢？这不但是一门技术，也是一门艺术。在事例中，两家肉摊的生意相差悬殊，根本的原因不在于档口的位置，也不在于商品的质量，而在于老板如何招呼客户，也就是如何引导客户的。这看起来是问话的方式不同，实际上，不同的表达方式意味着不同的表达效果，也往往决定了营销人员对客户进行引导的效果。很多时候，引导客户就是这么简单，引导的工作应该渗透在沟通和交流之中，这样才能在潜移默化中产生作用，也才不至于引起客户的反感。

通常情况下，在营销人员对客户进行引导时，要掌握以下几种语言表达技巧：一是以封闭式提问了解消费者的购买意愿，可以给出消费者两个选项，这样消费者就无法回避，会从两个选项中二选一；二是利用思维定势，引导消费者不假思索地说"是"，哪怕面对犹豫的问题，消费者也会极其自然地说"是"；三是转移话题，可以先以寒暄的方式与消费者拉近距离，然后以不易觉察的方式把话题转移到产品上来，从而针对产品和消费者进行深入的探讨……这样的引导方式不露痕迹，不会引起消费者反感和排斥，而且效果非常好。作为营销人员，一定要学会并掌握如何引导客户进行消费，这样才能促使交易达成。

多多比较，让客户做出理性选择

作为销售员，当看到客户一脸嫌弃地把你的商品和其他商品进行比较的时候，你会怎么想，又会怎么做？如果你态度恶劣地对客户说"不同的产品没有可比性"，或者无力地想要说服客户，对客户说"选择我家产品，你肯定不会失望的"。这种方式就像隔靴搔痒一样，根本无法让客户更青睐你的产品，反而会让客户质疑你对产品信心不足，尤其是看到你气急败坏的样子，客户一定会认为你对自家产品没信心，所以才会害怕比较。客户这么想没错。因为真正有底气的销售员，不怕客户货比三家，甚至还会因为对自家产品有信心，因此而鼓励客户要货比三家再下定决心购买呢！

没有比较，就没有优劣。因而面对比较，就产生了一种很奇怪的现象：相信自家产品的营销人员，希望客户多多比较；对自家产品没底气的营销人员，害怕客户多多比较。这就像是学习好的孩子盼望着开家长会，而学习不好的孩子恨不得把要开家长会的消息向父母封锁起来一样。作为营销人员，我们要当好学生，而不要当心虚的坏学生。当然，前提是我们的产品质量的确过硬，性价比的确很高，这样一来我们可以有底气地对客户说："随便你去比较。你就算转遍整个市场，我也敢说我家的产品在同等价格的情况下，质量是最好的。"有些客户愿意相信营销人员，在听到营销人员说出这句话之后，他们往往不会真的去进行调查，而是告诉营销人员："既然你这么有底气，我当然得相信你，希望你和你的产品都不会让我失望。"人与人之间相处，最根本的就在于彼此信任。虽然客户与营销人员有可能是初次见面，但是，彼此之间也应该有基本的信任。

在看到客户总是不能下定决心购买，表现出犹豫不决的样子时，明智的营销人员还会提醒客户多多比较。这是因为他们相信自家的产品，也知道客户在比较之后一定还会回来，所以，他们才会放心地对客户放线，让客户像风筝一样飞到辽阔的市场中随便进行比较。

除了让客户亲自去比较之外，如果营销人员掌握了确凿的证据，还可以当着客户的面，把自家的产品和别家的产品进行比较。例如，面对想买衣服又嫌弃价格贵的客户，营销人员可以承认"我家的衣服的确比较贵，至少比别家贵30%，但是我家的衣服质地好，是真丝的、棉麻的、铜氨丝的，没有任何一件是化纤的。别家的衣服很少有天然质地的，大多是化纤的，穿着闷热不透气，也不吸汗，与我们家的根本没法比。"这样大方地承认自家贵，就像是给客户设置了一个对比的悬念，接下来揭示谜底，让客户恍然大悟，自然会主动地购买。

需要注意的是，营销人员在进行比较的时候，可以说自家产品的优势，也可以笼统地说那些价格便宜的产品存在的劣势，而不要指名攻击某个品牌或者某一家竞争对手，否则一旦伤了和气，做生意就会面临困境。损人不利己的事情，我们不能干；损人利己的事情，我们也不能干。所谓和气生财，如果一件事情对人对己都有好处，我们当然可以积极地去做。而且，客户心中对各种事情都会有自己的判断，如果我们为了达成交易就去攻击同行，那么，不仅会被客户看低，失去客户的信任，说不定煮熟的鸭子也会飞掉——已经对我们的产品有意向的客户，会因为怀疑和否定我们的人格品行，而对我们敬而远之。不管做什么事情，我们都要先做人。对于营销人员而言，要从客户的口袋里往外掏钱，更要先做人。这样才能赢得客户的尊重和信任，才能顺利地与客户达成交易。任何时候，我们都不能舍本逐末，更不要本末倒置，要想成为优秀的营销人员，就要不忘初心。

多进行比较，客户做出的选择才会更加理性，才能避免发生客户冲动购买后感到后悔的情况。很多营销人员目光短浅，觉得只要能促成客户购买，就是最根本的目的，为此总是急功近利，想尽各种办法促使客户成交，而没有考虑到如果前期工作不到位，客户购买产品后会感到很不满意。实际上，真正的销售是从客户成功购买开始的。明智的营销人员会引导客户进行比较，也会把同类产品呈献给客户看。当客户犹豫不定，不知道应该最终选购哪一款产品时，他们会把相关的数据呈现给客户看，会客观地帮助客户进行分析和比较，最终把决定权交给客户，让客户做出选择。

找到客户感兴趣的话题，让营销更顺利

既然销售就是要搞定人，那么，作为营销人员要想促使销售获得成功，与客户之间的沟通就显得至关重要。语言是思想的外衣，能够表现出每个人内心真实的情绪情感和想法观点，也能够在人与人之间传递信息，发挥沟通的作用。要想与客户之间拉近关系，如何建立良好的沟通渠道，是营销人员需要好好动一番心思的。不但要深谙销售心理学，还要成为擅长运用语言的沟通大师，这样才能让销售工作顺利展开，从而取得预期的效果。

在销售过程中，客户一开始往往对营销人员怀有戒备心。这是因为，一则他们与营销人员很陌生，不愿意相信营销人员；二则他们很怀疑产品的质量，害怕买到不好的产品。在这种情况下，如果营销人员直奔主题，则很难消除客户的戒备心理，与客户展开愉快的交谈。如果不能建立顺畅的沟通渠道，如何能让沟通进行下去，取得预期效果呢？由此可见，沟通

是销售必须用到的好方法，也是销售不可逾越的难关。

说话，当然是很简单的一件事。只要是一个正常的人都会说话，但是，要想把话说好，让语言表达起到预期的效果，就不那么容易了。营销人员必须学会如何运用语言打消客户心中的疑虑，切勿在一见到客户的时候就滔滔不绝。好的沟通不是始于口若悬河，而是始于认真用心地倾听。当营销人员说起话来没完没了，甚至还有些夸大其词的成分掺杂其中时，就很容易引起客户的反感，导致客户压根不愿意听营销人员说话。当客户关闭了耳朵，关闭了心灵，营销人员还如何能成功地展开销售呢？聪明的营销人员从来不会这么做。相反，他们会选择客户感兴趣的话题，与客户攀谈，从而拉近与客户的距离，增强与客户沟通的效果，在愉悦轻松的沟通氛围中，打开客户的心扉。当这一切感情上的铺垫做好时，沟通就会变得水到渠成，销售人员此前面对的陌生、隔阂等障碍，自然也就会烟消云散。

作为一名保险推销员，有着三年从业经验的刘倩，深知要成功地把保险推销给客户是有多么的困难。对于有保险意识的人而言，推销工作进展能够更顺利一些，而对于没有保险意识的人而言，推销工作则进展缓慢，可以说是举步维艰。有些潜在客户非常固执，他们总是说保险就是骗人的。刘倩知道，保险产品不同于其他产品，是看不见摸不着的，客户在缴纳大额的保费之后，能够得到的只有一纸保险单。有些保险种类的收益要到很久之后才能兑现，有些保险种类的收益要等出现险情后才能兑现，这就注定了大多数人会对保险持有怀疑的态度。

最近，刘倩正在跟进一个大客户。这个客户此前在另外一名保险代理人处购买保险，因为那个保险代理人对他的服务很不好，所以导致他对于保险很反感。刘倩第一次去拜访这个客户时，客户就毫不客气地说："你们呀，总是急功近利，把钱哄到腰包里就不管事情了，因为客户已经上套了，每年续费都是主动给你们送钱。我就偏偏不信这个邪，我宁愿赔钱也要终止续费，让那个没有远见的保险代理人吃一次亏。"刘倩知道客户正冒火呢，没有反驳客户，而是不卑不亢地说："张总，我知道您之前购买保险给您带来的体验很不愉快，我先代表同行给您道个歉。您放心，我一定为您提供最优质的服务，而且您也说了，先前的那个保险代理人没有远见。我和他不同，我是想把这份工作做成事业，所以，我会用心维护好我的每一个客户。"即便刘倩说得很好，还是被张总下了逐客令。于是，刘倩礼貌地告辞，赶紧离开。

此后，刘倩和张总又接触了几次，张总都没有表态要购买保险。有一天，刘倩正准备从张总的办公室告辞，突然看到张总的办公室里有一根钓鱼竿，她问张总："张总，您也喜欢钓鱼啊！看您的装备这么齐全，您一定是钓鱼高手。"说起钓鱼，原本眉头紧锁的张总明显放松下来。刘倩改变主意，借机向张总请教钓鱼的事情。张总对刘倩是有问必答，说了很多。告辞的时候，张总主动对刘倩说："把你的保险计划书留下来给我看看吧，如果有需要，我会联系你的。"刘倩很高兴，因为张总释放出一个积极购买的信号。果然，几天之后，张总邀请刘倩去办公室详谈，并且很快就从刘倩手中为全家人购买了保险。

有的时候，开门见山，直奔主题，是值得提倡的沟通方式，因为这样做不仅可以避免浪费时间，也不用兜兜转转。但是，这样的直截了当未必适合所有的沟通对象，尤其是作为营销人员和客户聊天，想要促使客户购买产品，除非在特别了解客户的情况下，否则切勿单刀直入，因为很容易引起客户产生更强的戒备心理，也会导致客户的反感和厌恶。从客户感兴趣的话题着手，则能够帮助客户放松心情，消除戒备，例如事例中刘倩几次拜访张总，都以失败而告终，但在说起张总喜爱和擅长的钓鱼项目后，张总马上眉飞色舞，表现出积极的沟通兴致。刘倩和张总相谈甚欢，看起来是在说和保险无关的话题，实际上却在不知不觉间打开了张总紧闭的心扉。又因为张总此前退保的经历，就是因为对代理人的服务不满意，所以，刘倩这种做法能够赢得张总的信任，也让张总再次对购买保险产生了兴趣，找回了信心。

那么，怎么知道客户喜欢谈论哪些话题呢？对于有一定相处基础的客户，我们更加了解他们，也大概知道他们谈话的倾向和喜好。而对于完全陌生的客户，我们不可能第一时间就知道他们想聊什么话题，或者对什么话题感兴趣，那么，就要察言观色。通过观察客户对于不同话题的兴趣度，从而找出最合适的话题，与客户愉快的沟通。

通常情况下，客户喜欢说自己的兴趣爱好，喜欢说自己的光荣史，也喜欢骄傲地谈起自家的孩子。除了那些极具个性的话题之外，对于初次见面的客户，我们还可以说些无关紧要的话题，例如，天气情况、娱乐新闻、时事新闻等。在和客户沟通的时候，还可以借机恭维客户，说客户看起来很年轻，或者说客户老当益壮等。根据客户不同的年龄段和不同的身份地位，我们只要用心，就可以找到很多可以与客户进行沟通的话题。在愉悦的氛围中，使沟通更有深度，销售自然就会水到渠成。

设身处地为客户着想

作为客户，如果认准了营销人员是想从他们的身上赚钱的，那么，基本上不会配合营销人员达成交易，反而还会故意避免与营销人员进行沟通。当然，客户想的并没有错，因为营销人员的终极目标就是从客户的口袋里把钱掏出来，但是，这仅仅是终极目标而已，既不要否认，也不要大张旗鼓地去宣扬。明智的营销人员会把销售工作做得不露痕迹，他们固然急于成交，却也知道心急吃不了热豆腐的道理，更知道越是心急，客户越是戒备和反感。那么，营销人员需要掩饰自己赚钱的目的吗？然而真正懂得销售艺术的人，会收起自己的功利心，设身处地地为客户着想，满足客户的需求，解决客户的难题，打消客户心中的疑虑，让客户心甘情愿地购买。

很多营销人员偏偏不这么做，他们知道客户的需求是千变万化的，而自己想要推销的产品却是暂时不变的。基于这样的想法，他们会有意或者无意地忽略客户的需求，同时以产品为本，不由分说地把产品推销给客户。不得不说，这样的做法偏离了销售的根本，也就是要以满足客户的需求为最终目标。对于这样一心一意要赚钱的营销人员，客户一定会非常戒备，也压根不愿意配合营销人员达成交易，相反他们只想躲得远远的，保护好使用恰当的钱袋子。不是说营销人员不能从客户那里赚钱，而是说营销人员只有使用恰当的方式方法，才能让客户从被动出钱，到主动购买。最高明的销售，是既赚了客户的钱，还得到了客户的感谢。这是因为营销人员满足了客户的需求，帮助客户解决了难题。在如今的市场经济环境中，大家都能明白各取所需的道理。但是要维持平衡之道，维持良好的交易关系，要让客户觉得自己的付出是值得的，是得到了更多收获的。

人的本能是趋利避害。人人都希望自己的钱包是鼓鼓的，而不希望自己的钱包是瘪瘪的。营销人员主动上门推销，对于有些客户来说就像"抢劫犯"一样可恶，因为营销人员的终极目标是诱导客户乖乖地把口袋里的钱掏出来。被人追赶着要求花钱，客户的压力突然间增大，他们的戒备心理就会变得更强。作为营销人员，既然知道"野蛮营销"或者强制消费给客户带来了这么多痛苦，还能蛮干吗？一定要讲究恰当的方式方法，才能把客户从被动购买转化为主动购买，从被营销人员追着买，转化为追着营销人员要买。当然，做到这一点并不容易。营销人员如何才能达到这么高的销售境界呢？技巧就在于站在客户的角度上，为客户着想，以客户的需求为基础，先于客户想到更多的细节，从而做到认真周到、细致用心地服务于客户。

　　六一之后，天气一天天地热起来，空调销售进入了旺季。作为空调推销员，小兰当然想借着这几天的持续高温，多卖出去几台空调，多赚一些钱。因此，她决定这一个月都不再休息，连轴转上班，这样每天怎么也能接待几个客户，卖出去一两台空调。小兰想赚钱的愿望当然是好的，这么拼搏也是年轻人该有的精神，但是，她在向客户推销空调的时候，总是急功近利，让客户非常反感。有一天，她在门店接待了一个客户，这个客户是诚心购买空调的。小兰马上给客户推荐了最新款的柜机空调，并且对客户说："这个空调风力很大，制冷制热的速度都很快。"客户看了看价格，要1万多元，当即说："我要个普通的空调就行。"小兰不理会客户的话，心里琢磨着：要是卖出这台最新款空调，至少能赚600元呢！要是换成普通空调，才200元钱。不行，我必需把这台柜机空调卖给客户。这么想着，小兰说："这台空调是最新款，现在正在搞活动，只要11800元，之前一直都卖12800元呢！买这台，您能省下1000元呢！那台普通款的没有活动，虽然便宜，但是不划算。"客户显然被小兰说得有些心动，问："到底哪一款好啊？"小兰不假思索，脱口而出："当然是钱越贵就越好啦，这还用想吗！"听到小兰的话，客户脸色陡变，当即离开了小兰，找到另一个推销员进行咨询。

　　另一位推销员耐心地询问了客户想要购买空调的价位，又询问了客户要把空调放在多大的房间里使用，还问了客户使用空调的习惯，然后，对客户说："叔叔阿姨，你们可以购买一台新款的空调，挂机即可。因为你们住的房子比较小，用柜机太拥挤，占地方，挂在墙上，就没有这个烦恼了。另外，这款空调是静音节能的，还是变频空调。晚上，你们可以把空调调整成睡眠模式，它会非常智能化地调节温度，既不会太冷，也不会感到热。尤其是这款空调有电辅热功能，冬天用来采暖的时候，打开电辅热功能，屋子里会很快暖和起来。"客户问："你说还省电是吗？"销售员点点头，说："是的，虽然每天省不了多少电，但是长年累月，每天省一点点，积少成多，还是很可观的。咱们老百姓过日子，不就是要精打细算嘛，你们说呢？"销售员的一番话说得合情入理，客户夫妇连连点头，很快就交了钱，填写了送货单。

古人云"欲速则不达"，真是至理名言。小兰想要通过一次销售就赚取更多的佣金，结果却竹篮打水一场空。这是因为她想赚钱的心理过于急迫，根本没想着如何为客户服务，反而时时处处都想算计客户口袋里的钱。怀着这样的心态，小兰怎么可能服务好客户呢？与小兰正相反，另外一名推销员先是对客户的情况进行了了解，知道了客户家里的房屋面积和客户的经济情况，还细心地询问了客户使用空调的习惯，因而推荐了合适的空调给客户。尤其是推销员所说空调具有节电功能，使空调更加得到客户的喜爱。不同的销售心态，让最先接待客户的小兰陷入被动的局面，而让后来接待客户的推销员成功地获得一张订单。

从本质来说，客户和营销人员之间的确存在冲突，而营销人员所要做的，就是将与客户的关系从对立关系转化为思想上统一的关系，这样才能为销售工作的开展奠定基础，才能让客户感受到营销人员的真诚和友善。营销人员既然想赚客户的钱，就要先与客户成为朋友，需要真心诚意地满足客户的需求。只有为客户解决难题，才能得到客户的认可与信任。

Part 3
巧妙报价：营销能否成功由价格决定

前面两章针对营销的产品、营销的主体进行了深入的阐述，接下来，我们所要涉及的营销因素更为敏感，那就是产品的价格。在市场经济中，价格是一个非常敏感的要素，对于很多交易都起到微妙的杠杆作用，在某种意义上甚至决定了营销能否取得成功。那么，如何为产品定价，何时对客户报价，就成了销售员在展开销售时必须重点关注的问题。

客户对价格是最敏感的

在营销过程中，没有什么是比价格更敏感的了。价格太低，虽然销售量大，但是每件产品的利润却很小，这对于提高总利润并没有显而易见的好处；如果价格合理，销售就实现了两方面的盈利，既保证了利润，又能扩大销量；如果价格虚高，虽然每件产品的利润很高，但是销量持续低迷，因而总利润还是很低。最好的选择当然是合理定价。当然，定价也是有不同策略的。例如，低价走量策略、高价撇脂策略等，这些特别的定价策略需要综合分析市场的情况，再做出选择，这样会得到不同的选择结果。在如今的市场经济环境下，一家公司在推出新产品的时候，定价很关键，会影响后续的销量和公司通过出售产品获得的利润。此外，对于已经上市的产品，在市场形势瞬息万变的情况下，也很难始终保持同样的价格。

大多数产品的定价都是在销售之前就已经确定的，属于公司的销售主管层面。然而，这并不意味着营销人员在开展推销工作的时候，不需要为价格问题烦恼。实际上，定价尽管要讲究各种策略，却没有销售环节的问题更加棘手。在很多营销人员和客户之间，经常会就价格问题展开博弈，也可以说，价格是达成交易迈不过去的一道门槛。任何交易，都必须在价格上达成一致，形成共识，才能继续推进。否则，即使在其他方面达成一致，交易也是没有办法达成的。公司的定价，只是决定产品售价的因素之一，实际上，最终交易的价格很大程度上是由营销人员决定的。通常情况下，营销人员手中有一定的让利空间，在与客户面对面针对产品价格进行沟通时，可以酌情让利。如果客户砍价太厉害，营销人员无权做出决定，还可以申请上级领导同意更低的价格。当然，谈价是一个很难的过程。有些缺乏经验的营销人员，就因为不懂得报价策略，没有把握好价格，导致原本可以促成的交易取消了。对于营销人员而言，这些都是实战之中惨痛的教训，只有从中积累经验，才能有所进步和成长。有些营销人员经验非常丰富，哪怕客户原本的购买意向不强，或者对于价格的异议比较大，他们也能通过巧妙的报价，来影响客户的出价，从而在斡旋的过程中，把自己的报价和客户的差价不断地向着一处拉拢，达到让交易双方都相对满意的程度，这样交易才能水到渠成地达成。

作为营销人员，要知道客户对于价格都是非常敏感的，因而营销人员也只有把握价格这个关键因素，才能展开营销。有些客户很爱面子，常常会打肿脸充胖子，买下昂贵的商品；有些客户斤斤计较，哪怕是买金额很小的商品，也喜欢讨价还价，满足自己掌控价格的欲望；有的客户贪图便宜，买什么东西都追求低价；有的客户追求性价比，他们不是盲目地要求产品价格必须便宜，而是希望能够以更便宜的价格买到更优质的产品……针对客户对于价格的不同心态，营销人员要采取不同的销售方法，才能打动客户的心，促使客户购买。例如，面对追求性价比的客户，不要一味地以低价吸引他们，因为这会让他们怀疑产品的质量，而是要更强调产品的品牌和质量，再给他们相对较低的价格，他们才会产生购买的欲望。对于盲目追求低价的客户，他们往往不注重产品的质量，而是更在乎自己到底花出去多少钱。在这种情况下，就要尽量节约成本，为他们提供质量合格、价格低廉的产品即可。现代社会，经济快速发展，人们的生活水平和消费水平越来越高，作为营销人员，也要调整思路，从为客户提供优质低价的产品，到为客户提供优质且价格合理的产品，这样客户会在自己的经济承受能力范围内尽快地成交。市场的变化是非常微妙的，有些客户追捧价格便宜的商品，而有些客户追捧价格更高的商品，是因为他们希望产品的质量更好，品位更高，也希望以产品来彰显自己的身份和消费水准。

经常去超市、商场等地方的人会发现，超市里给很多东西的定价都是带 0.99 的，商场里给很多产品的定价都是带 99 的。不了解价格敏感性的朋友们，一定会感到纳闷，为何就要相差 0.01 呢？为何就要相差 1 呢？取个整数多好啊！曾经有心理学家经过研究发现，一个定价为 1 元的产品和一个定价为 0.99 元的产品，给消费者的感觉是不同的。前者让人觉得这件商品 1 元，后者让人觉得这件商品很便宜，还不到 1 元。虽然这两个价格之间实际相差很少，但是投射到人们的心中，这两个价格却相差很大。有消费学家继续对价格进行研究，发现不同定价的商品，尽管末尾都是 0.99 元或者 99 元，却未必能够起到相同的促销效果。他们指出，对于 5 元以下的商品，末尾是 0.99 最好销售；对于 5 元以上的商品，末尾是 0.95 更容易为人们所接受。看到这个结论，大多数朋友都会感到很惊奇：原来看似简单的价格里还藏着这么多的学问啊！

在进行推销的过程中，营销人员如果能够熟练运用定价策略，则就可以更有效地促使交易达成。因为营销人员需要面对客户，而每个客户的购买心态、购买动机和购买意向都是不同的。所以，营销人员要因人制宜、因地制宜、因时制宜，灵活地进行价格调整，高效地促使交易达成。对待客户，既不能一下子就把价格让到最低，也不能始终不愿意降价，而是要灵活应对、机动调整，从而以价格作为助推剂，让交易圆满达成。

满足客户砍价的心理需求

客户为什么爱砍价呢？有的客户，甚至买几块钱一斤的青菜，而且还只买半斤，也要和卖主讨价还价。也许说了好多句话，磨了半天嘴皮子，就只便宜了几毛钱，但是他们的脸上却表现出满足和幸福的神态。真的是为了省钱吗？和付出的时间成本相比，省下来的这点儿钱根本不值得一提。写到这里，突然想起近些年来很多人都特别喜欢在微信群里抢微信红包。前几天六一儿童节，网上还流传出谢娜与何炅的对话。何炅和谢娜一直是好朋友、异性闺蜜，在儿童节，何炅很有心地给谢娜的一对双胞胎女儿发了红包。谢娜看到红包马上先抢过来，然后问何炅为何要发红包，何炅简直无语，反问谢娜在抢红包之前都不看看是什么红包，谢娜的回答可爱极了，大概意思就是说怕抢得晚了，红包被收回。想必何炅给谢娜女儿发的红包不会小，谢娜生怕何炅收回情有可原。但是，在很多社群里，一旦有人发红包，看到的人都会蜂拥而上抢红包，哪怕只是抢到了几分钱，也会特别高兴。最搞笑的是，有人看到社群里有红包，看也不看就去抢，抢完了才发现，误抢了标注着领取者姓名的红包，只好再灰溜溜地退回来。不得不说，这抢红包也是达到了一定境界！不是为了钱，就是为了乐趣，也是为了满足自己那一颗不劳而获的心。

那么，再回到最初的问题，客户为何爱砍价呢？大多数客户之所以热衷于砍价，就是想为自己节省一些钱，用更低的价格买到商品。然而，对于那些不论多少金额都要砍价的人来说，也许他们少数时候是为了省钱，但是多数时候是为了获得砍价成功后的满足感和成就感。如果遇到这样的客户，营销人员一定要小心了，必须打起十二分的精神来应付，才能避免被价格绕晕了头。

客户的购买心理很容易理解，那就是他们一方面追求产品质量好、价值高；另一方面又不想掏空自己的钱包，只愿意花最少的钱购买产品，也就是俗话说的"买卖两个心眼"。如果销售员卖的不是如同苹果手机一样热销的产品，一定要在报价的时候给自己留下讨价还价的空间，切勿以为只要报出良心价，客户就不会再砍价。砍价，不但是省钱的需要，也是精神上的需要。明智的销售员会给客户砍价的机会，从而满足客户的砍价需求，让客户通过砍价获得成就感，这样客户在购买商品之后才会觉得这次交易很值得，收获占了便宜、物超所值的喜悦。

隔着橱窗，小雨被一件新款时装吸引住了，她当即推开门走进店里，询问店员："请问，这件衣服多少钱？"店员热情地告诉小雨："您真是好眼光，这件衣服是新款，今天早晨才刚刚挂到展示架上的。这件衣服不管是质地还是款式，都非常好。您想要试穿下吗？"小雨转念一想："试穿下也行，看看效果，再谈价格。"这么想着，她从店员手中接过衣服，去试衣间了。坦白说，穿着这款衣服照镜子，小雨都被自己惊艳到了。这款衣服就像是为她量身定制的一样，非常合身，也衬托得她更加高挑、皮肤白皙。小雨喜形于色，问店员："这件衣服多少钱？"销售员说："原价是1980元，现在正在搞活动，可以打九折。""九折？"小雨心中嘀咕着，紧张地算着账，"九折也要大概1800元呢，还是太贵了。"小雨没有说话，先去试衣间把衣服脱下来，才对店员说："这件衣服的确还不错，不过价格太贵了，超出了我的承受能力。我本来也就想买一件七八百块钱的衣服，平时穿就可以了。"销售员听到小雨的话，心中一惊：七八百，这和衣服的标示价格相差也太远了吧。她没有放弃，而是赶紧想办法补救，对小雨说："您这么年轻漂亮，这件衣服真的很配您。您想，买一件其他的衣服也许便宜，但是没有这么配您，不能衬托出您的气质。有句话这样说'人是衣裳马是鞍'。我觉得您就算多花一些钱，也是物有所值的，您说呢？这件衣服真的很提升您的气质！"

小雨沉思片刻，说："对于这件衣服，我最多也就能接受1000元钱，否则即使衣服再好，我也不可能不吃不喝了勒紧裤腰带买衣服啊！"销售员为难地说："我真的没有权利给您便宜这么多，这样吧，您稍等片刻，我尽量去给您申请。"说着，销售员就走到一边去打电话。片刻之后，销售员高兴地回来，说："女士，我们主管正在度假，心情很好，愿意把这件衣服以 1200 元的价格出售给您,她说成人之美是美德呢!我告诉她,这件衣服就像是专门为您定制的一样合身。"小雨微蹙眉头,显然对于价格还不是很满意,她说:"我只能接受 1000 元。1200 元,距离我的心理价位还是相差很大。"店员说:"人和衣服也是有缘分的呢,碰到特别合适的衣服不容易。这样吧,我自作主张把这件衣服以 1100 元的价格卖给您,这样主管一定会批评我。但是,管不了那么多了,谁让我和您有眼缘,就像您和衣服有眼缘一样呢!"听到销售员这么说,小雨很高兴,她当即买下衣服,连声感谢店员的成全。

在这个事例中,推销员极大地满足了小雨砍价的欲望,让小雨在两次砍价之后,足足省下 700 元,也难怪小雨买了衣服,还感谢推销员呢。这是销售的技巧,哪怕推销员一开始就和小雨报价 1100 元,小雨也是不会以 1100 元成交的。为此,销售经验丰富的推销员,先是向主管申请给小雨低价,后来又自作主张给小雨降价 100 元,所以,让小雨感到自己买下这件衣服真的很超值。

每个客户都很喜欢砍价,当价格降低到他们的心理价位,或者接近于他们的心理价位时,他们就会感到满足,也因此会积极地达成交易。销售技巧高超的营销人员,从来不会在沟通之初就把最低价透漏给客户,而是会刻意地把报价定得高一些,这样才能给客户留下讨价还价的空间,也才有余地来促使交易达成。

在与客户讨价还价的过程中,除了要适当调高报价之外,还要掌握两个技巧。一个技巧是,在客户最初砍价的时候,不要马上就做出让步。当砍价的过程太过容易,会使客户觉得自己出价过高,甚至会误以为还有很大的降价空间。这会给后面的讨价还价带来很大的困扰,也会让客户对于低价有更大的预期,产生更大的贪念。另一个技巧是,作为营销人员,如果价格可以让低,最好能够以客户提出的价格成交,或者是以接近客户的价格成交。当然，这么做是有难度的。为了避免客户出价过低，营销人员要对客户进行引导，在沟通之初就多多铺垫，这样才能奠定客户的心理价位，让客户给出相对合适的价格。只有以此为基础，营销人员才有可能以客户希望的价格与客户成交，让客户成就感油然而生。价格是交易能否成功的关键因素，作为营销人员，只有把握好商品的价格，才能促使交易顺利达成。如果定价失误，则会导致后续的销售工作进展缓慢且艰难，甚至导致交易失败。

不要让客户轻易得到你的成交价

面对有意向的客户，很多营销人员都会急于成交，为此，他们带着急迫的心情，往往会催促客户，甚至还会刻意地逢迎客户。面对客户的第一次砍价给出的价格，他们急于求成地接受，以为只要能够达到客户的满意，客户就会成交。其实，这样的想法是错误的。因为对于客户来说，他们在第一次出价的时候，往往会给出比心理价位更低的价格，这是砍价的策略。而如果这个价格被营销人员当即接受，他们非但不会感到满足，还会感到心慌：我的价格是不是给的太高了？否则，为什么营销人员这么痛快地答应呢？商品的质量是不是不好啊？要不，营销人员为何这么急于把商品卖出去呢？在这一连串的疑问之下，客户往往会更加犹豫，而不会当机立断做出决定。他们的购买意愿就会下降，心态摇摆不定，只想再在新价格上再来个五折。可想而知，面对这样的客户，再想成交简直难于登天。

经验丰富的营销人员，掌握销售技巧的营销人员，不会马上接受客户的出价，而是会与客户斡旋，以各种方式提升客户的心理价位，让客户推翻自己的第一次出价，给出一个相对合理的价格。退一步而言，即使客户的第一次出价是合理的，营销人员为了促使交易达成，也不能随便接受。卖的人总想多卖一些，买的人总想便宜一些，这是人之常情。而且从心理学的角度来说，人们对于轻易得到的东西总是不知道珍惜，而对于历经艰难得到的东西，才会感觉得来不易，也会更加珍惜。营销人员不但要满足客户对价格的需求，更要满足客户在讨价还价过程中的心理需求。

作为一名广告推销员，思琪每天的工作就是拜访各家公司，向他们推销广告展位。推销工作向来不容易做。有的时候，思琪接连跑好几家公司，都会遭遇闭门羹，压根没人对做广告感兴趣，更不想掏出真金白银来租用广告位。这天中午，思琪又遭到拒绝，沮丧片刻，她马上意识到自己不能这样放弃，因而又鼓起勇气去一家新公司推销。没想到，这家公司的张总对于做广告很感兴趣，对思琪说："我看过你们的广告，还是挺吸引人的。我们是新公司，当然需要大力度宣传，我最关心的是，广告位的价格。如果我需要一个效果好的广告位，大概需要多少钱一个月？"思琪说："通常，广告位都是按季度收费的。正常大小的广告位，一个季度的费用大概5万元。"张总忍不住皱起眉头："这么贵！"思琪解释："黄金位置的广告位，效果是非常好的。"张总说："我本来只想购买一个月，能接受1万元左右的价格。现在一下子变成三个月，而且还超出我的预算很多，如果能3万元三个月，我倒是可以考虑下。"思琪只是略作沉思，就对张总说："可以的，您可以3万元购买三个月。"

听到思琪的话，张总并不觉得高兴，而是心中咯噔一下："这么快就降到3万元了，我肯定把价格出得太高了，这水分也太大了吧！"这么想着，张总说："我还需要和副总们商量下，明天给您电话吧！"思琪离开之后，张总没有和任何人商议，次日，张总给思琪打电话说："很抱歉，我和副总商议之后，他们认为即使是3万元，对于我们这样的新公司而言也太贵了。他们想让我找每个季度收费2万元的广告平台做广告。"电话里，思琪沉默了很久，对张总说："那就2万元吧，我去给您申请！"听了思琪的回应，张总彻底蒙了，压根不敢购买广告位了。

一个商品的价格是5万元，在客户第一次还价降到3万元，在客户第二次还价降到2万元，可想而知，张总根本不会和思琪签约，而只会得寸进尺地提出更低的价格。这是因为思琪一让再让的行为，让张总对于产品的价格完全失去了判断，因而变得犹豫不决，甚至最终还会因为心里没底而放弃购买。不得不说，正是营销人员的一再降价，让销售陷入了困境，无法向前推进。

面对客户出价过低的情况，营销人员要坚持原则，才能从容应对。首先，营销人员要知道，客户如果真的看中一款产品，就不会因为产品略贵一些而放弃购买。因而营销人员要明确促成交易达成的核心不在于降价，而在于要为客户提供优质的产品和服务，满足客户的需求。其次，营销人员要对产品有信心，不要一旦听到客户说同类产品很多，就马上慌了手脚，而是要不卑不亢、耐心细致地向客户介绍自家产品，也要相信客户能够通过判断和权衡做出明智的选择。最后，营销人员在拒绝客户的时候，要注意方式方法。有很多营销人员面对客户的第一次出价，坚持"出价必打击"的原则，却因为措辞不当而惹得客户不高兴，失去了客户。拒绝客户的时候，要以正确的方式，既要怀着不卑不亢的态度，也要留下回旋的余地，在必要的时候给客户台阶下。同时，营销人员还要告诉客户，和产品的质量相比，价格并非最主要的决定购买因素，这样一来，就把客户的关注点转移到产品质量上，从而促使交易达成。

总而言之，客户第一次的出价或者还价，往往会低于他们的心理价位。不管是为了把商品卖出更高的价格，还是为了运用销售策略和技巧，营销人员都切勿直接接受客户的价格。因为这么做非但不能促使交易达成，反而还会导致交易彻底失败。作为营销人员，固然要以满足客户对产品的要求为服务的目的和宗旨的需求，同时也要做好客户的引导者，这样才能引领客户达成交易，让客户收获优质的产品和优质的服务。

学会拒绝客户的不合理出价

有些客户出价，会在认可产品质量的基础上，给出一个中肯的价格。而有些客户出价，则只是一味地压低价格，甚至会给出一个低得离谱的价格。面对这样的客户，营销人员要怎么做呢？如果义正言辞地拒绝客户的出价，则会伤害客户的面子；如果不拒绝客户，则又不可能以客户给出的价格成交。在这样的进退两难之中，营销人员必须找到合理的方式既可以拒绝客户，又能达到提升客户心理价位、促使交易成功的目的。

然而，很多营销人员都特别心虚，他们面对客户的不合理出价，生怕过高的要价把客户要跑了，因而怀着惴惴不安的态度先暂时接受客户的出价，试图后面有机会再说服客户出高价，不得不说，这是本末倒置的。营销人员打击客户出价、提高客户心理价位的最好时机，就是在客户出价之初。作为客户，当看到营销人员并没有否定自己的出价时，他们就会误以为营销人员接受了他们的出价。营销人员后续再想让客户出高价，客户根本不可能接受。因而营销人员在和客户针对价格进行沟通的时候，一定要打起精神来，切勿对客户出价采取敷衍搪塞的态度，而是要认真负责地对客户的出价做出反馈。

此外，营销人员无需在客户面前感到心虚。买卖双方是平等的关系，虽然一个是要卖东西，一个是要买东西，即使都说顾客就是上帝，但是这并不意味着营销人员在人格上比客户更低。营销人员只有不卑不亢，以优质的产品作为自己的底气，以恰到好处的言辞来为自己代言，才能把销售工作做好，也才能给客户留下专业、诚信、值得托付的印象。从本质上来说，在谈价过程中，营销人员其实掌握着主动权。因为营销人员很清楚商品的让价空间有多大，也可以通过观察客户，得知客户是否真的诚心购买，或者是否对产品势在必得。既要根据客户不同的心理状态，也要根据客户的购买表现，营销人员要及时调整自己的销售策略，从而为顺利销售奠定基础，也为成功销售做好准备。与其一味地逢迎客户，却又无法完全按照客户给出的价格去成交，营销人员还不如调整好心态，不卑不亢地对客户实话实说，也适时地打消客户对于产品价格不切实际的念头。只有把工作做在前面，销售工作才会更顺利地展开，也才会取得良好的效果。

作为一家工厂的推销员，小马经常需要带着工厂的产品四处出差，进行推销。有一次，小马来到外地的一家公司，把样品展示给负责人看。负责人看到精工制造的零配件，啧啧称叹，说："这些零配件的确品质上乘，但超出了我们需要的标准。我们其实不需要这么好的，因为这么好的价格肯定会高。按照目前的市场行情来看，对于我们而言，合格的零配件即可。所以，我只能接受你八折的价格。"听到负责人的话，小马当即否定："这不可能，八折的价格连合格品都买不到，怎么可能买到我们这样的特级品呢！其实，贵公司生产大型器械，如果能够在零配件上提升成本，那么大型器械整体的质量都会上升好几个档次。您想，等到老客户越来越多，新客户也络绎不绝，您还发愁销量吗？"

负责人脸上表现出为难的神情："但是，我们不需要这么高规格的啊。"小马说："您是行家，肯定知道合格品的价格，那么也就知道我们的价格并没有贵出多少。如果只需要付出很小的代价，就能获得更好的口碑，这岂不是很划算的买卖吗？"小马耐心地给负责人分析，说得负责人连连点头。最终，小马和负责人以九二折的价格成交，负责人非常满意。

面对负责人的出价，小马第一时间打击，也彻底打消了负责人想以原价的八折的价格购买产品的念头。小马说得很坚决，也合情合理，让负责人无法反驳。虽然作为营销人员，我们要更好地服务于客户，为客户提供优质的产品，但是如果客户出价太低，我们就要当机立断拒绝客户，这样才能有效提高客户的心理价位，也打消客户不切实际的念头。

当然，价格是销售之中的敏感要素，作为营销人员，既要拒绝客户的不合理出价，又要稳定客户的情绪，还要维护公司的利益，更要保证自己的利益，这是很难做到的。但是营销人员在销售过程中，原本就承担着斡旋的角色，需要面面兼顾才能做得更好，也需要开动脑筋进行深入的思考，才能把握谈价的原则，运用谈价的技巧，把价格谈拢，让交易达成。

化整为零，让客户接受高价格

在市场经济下，商品的价格各不相同。有的商品价格低廉，只需要花很少的钱就能买到，而有些商品价格高昂，需要客户付出大量的金钱。在买这些高昂商品的时候，毫无疑问，客户需要更慎重地思考，才能做出购买决定。对于营销人员来说，销售昂贵的产品，当然比销售便宜的产品要更难以销售。不过，只要掌握了销售技巧，让客户接受更高价格的商品，就会变得容易。举个简单的例子来说，我们看一幢32层高的楼，一定会觉得特别高。但是，如果这幢32层的高楼旁有一幢22层的楼，我们先看22层的楼，觉得并没有那么高，再来看32层的楼，就会感觉到32层的高楼也只是比22层高出了一点而已，还是可以接受的。这是背景的衬托作用。单独看一幢32层的高楼时，我们是以地面作为起点和参照物的，而看一幢位于22层楼旁边的高楼时，我们是以22层高楼为起点和参照物。在销售过程中，销售员要想引导客户接受高出预期的价格，就要找好参照物，这样才能让高出的价格更容易被接受，也才能让交易顺利达成。

销售员都知道，销售最难的环节在于促使客户交定金。也就是说，让客户先预交商品一部分金额，作为购买意向的保证。这是一个从口袋里往外掏钱的过程，大多数客户对此都会很慎重，甚至还会犹豫。这个时候，为了促使客户尽快下定决心购买，销售员要把高出的金额进行细致划分，这样才能避免给客户造成过大的心理压力，也可以有效地降低客户对于价格的敏感度。除了要找好价格的参照物之外，在客户对于总额没有那么反感之后，销售员还要对高出的价格进行细致划分。这样能够起到化整为零的效果，可以有效地促进交易达成。人们对于需要花费大量金钱进行的交易往往决定很慢，也会很慎重，而对于需要花费小额金钱进行的交易则相对轻松，很容易就能做出决定。利用金额细分的方法，进行双管齐下，可以有效地降低客户对于价格的敏感度，促成客户购买产品。

最近，艾磊的家里重新进行了装修，他决定要安装一台净水器，这样家里人就能喝上干净卫生的水。市面上，净水器的价格五花八门，有几百元的，有几千元的，还有上万元的。经过了解，艾磊把品牌锁定了史密斯，他家现在用的热水器就是史密斯的，他觉得很好用，对于史密斯的品牌和服务都很认可。艾磊在史密斯展柜前的一款中高端机器面前看来看去，这个时候，负责接待艾磊的推销员说："这是我们最新款的净水器，而且废水率很低，是比较省水的。"艾磊笑了笑，说："的确，这款机器功能很强，我也知道，但是价格太贵了，真是买不起啊。"推销员笑起来，问艾磊："先生，您本来想买什么价位的净水器呢？我相信，像您这样有品味的人，一定不会选择购买几百元的净水器。"艾磊点点头，说："当然，那样的净水器免费送给我，让我用，我也不敢用。我原本想买两三千元的热水器，但是显然你们这个净水器已经翻倍了，居然要6000元。"销售员说："先生，您很有眼光，这是新款净水器，废水比例降低，很节水的呢！虽然价格贵一些，但是长年累月节省的水费也不少。"艾磊摇摇头："水费省不了多少钱。"

销售员想了想，说："先生，我想您之所以来到史密斯，一定是认可这个品牌。我们家的净水器都在3000元以上。就以您选择4000元的净水器来说，6000元比4000元多了2000元。这款6000元的净水器正在搞促销活动，会送给您一个原价1288元的前置净水器，还会送给您一个双立人的锅灶。仅仅这两件东西，价值就已经超过了2000元。我们的净水器保障的使用年限是十年，在十年的时间里，每年只需要节省200元，就能把净水器高出的钱节省出来。把这200元平均分配到一年的时间里，每个月是16.70元，每天是0.56元。0.56元，连最便宜的冰棒都买不到，我们喝瓶饮料都需要几块到十几块钱。我想，您一定不会为了每天节省0.56元，而与这么好的净水器失之交臂。其实，拿到双立人锅灶和前置净水器，您的2000元已经够本了呢！"在销售员的劝说下，艾磊渐渐心动，最终他咬了咬牙，购买了这款价值6000元的净水器。

对于客户而言，如果看中的商品需要花费大量的钱，的确会给他们带来巨大的经济压力。尤其是在经济不宽裕的情况下，客户更是能省则省。要想改变客户的心意，让客户心甘情愿地付出更多的钱，来购买优质的商品，营销人员必须更加努力，发挥语言的魅力和沟通的技巧，成功地打动客户的心。营销人员要知道，当客户在商品前流连忘返的时候，还自称"没有钱""买不起"，这并不意味着他们真的不想购买，而是说明他们很喜欢商品，但是还没有找到内心的平衡点。作为营销人员，一定要帮助客户找到内心的平衡点，从而让客户相信商品的定价是合理的，购买商品是物超所值的。如果客户还是有疑虑，那么就可以用金额细分法，对高出的金额进行细致划分，从而帮助客户消除心理压力。

　　当然，任何销售技巧都不是放之四海皆准的。在采取金额细分法来说服客户的时候，切勿泛滥使用。通常情况下，价格较高的产品更适合使用金额细分法，对于那些金额较小或者价格适中的产品，使用金额细分法则有些杀鸡用宰牛刀的嫌疑，也未必会起到最好的效果。当营销人员喋喋不休地说个没完没了的时候，一旦引起客户的反感，甚至还会导致销售失败。其次，使用金额细分法时，要求营销人员逻辑清晰，能够有理有据、井井有条地把话说清楚，否则，营销人员的表达一旦混乱，就会给客户带来更加混乱的印象，使得销售工作进展艰难。最后，使用金额细分法，要恰到好处地表达，真正做到尊重客户，理解客户，关注客户的需求，而不要一味地催促客户交钱。否则，这样急功近利的做法一定会使客户心生戒备，更不敢把钱掏出来交给营销人员。人与人之间的相处，一定要相互尊重，彼此信任，这是人际交往的基础。在营销人员和客户之间，同样要建立这样良好的基础，才能让交往更加顺利，也才能让销售工作水到渠成。

Part 4
引导决策：步步为营促交易

如果每一个客户都是非常坦诚直率的，在看好产品之后马上就能决定购买，那么，营销人员将会减少至少90%的工作量，成功销售的概率也会大大提升。然而，现实却是，营销人员只把很少的时间和精力用于推荐产品，而大多数情况下，营销人员都在因为客户的迟疑不决、犹豫不定而紧张焦虑，更是在绞尽脑汁地思考搞定客户的策略和技巧。的确，对于客户来说，看营销人员的产品演示很容易，但是要想做出购买决策却很难，这就对营销人员的工作提出了挑战，每一个营销人员既要引导客户做出决策，也要一步一步稳扎稳打、步步为营地促成交易。

免费，总是让消费者怦然心动

如今，电视购物已经不像前几年那么流行，毕竟人们有了无所不在的网络，尤其是年轻人，看电视的机会越来越少，更多的时候，他们喜欢在网上潜水，或者当一名投入的看客。如果有一天，你偶然打开电视，发现正在播放某品牌净水器的广告节目，看着两个推销员在电视上卖力地推销，一唱一和，其中有个推销员居然说："免费试用，十五天不满意无偿退回。"听到这句话，不管你是准客户，还是潜在的消费者，或者对于购买净水器根本没有计划，是否会有心动的感觉呢？你也许会想：反正不用花钱，为何不试试呢？反正十五天之内可以免费退货，就相当于免费试用了，根本不会有什么损失。"免费"——对你的诱惑很大，让你觉得浑身轻松，因为你不需要为自己的行为付出任何代价，在特定的时间内更不需要为了产品而支付任何金钱。这样的服务，大多数消费者都愿意接受。

但是有一个很奇怪的现象，在有相当一部分消费者都说免费是个陷阱的情况下，那些选择试用商品的消费者，最终都心甘情愿地购买了产品，而并没有把产品退回去。这就是"免费"的魅力和作用。如果很多消费者都是在享受产品之后选择退货，那么，免费的生意是做不长久的。而免费的生意之所以做得很好，就是因为消费者在试用产品之后，选择购买产品。从营销的角度而言，后付款具有很强的诱惑力，也具有很强的威力。其实，免费试用是有心理学依据的，即利用客户拥有产品之后，不愿意失去产品的心理，促使客户购买。甚至有一些宠物店，也利用这样的方式来促使客户购买宠物，宠物店允许客户把宠物带回家去过夜。客户在宠物的陪伴下得到快乐，自然不愿意失去这种快乐。拥有免费的东西时间越长，人们越是觉得免费的东西是自己的，也就更不愿意对免费的东西得而复失，在这种情况下只能乖乖地掏钱付款。

最近，小刘对于做饭很感兴趣，也开始购买一些新款的炊具。买了无烟锅、压力锅，也更换了新款电饭煲，最近小刘盯上了空气炸锅。听说空气炸锅不用油，就能炸出美味的食物。然而，一个空气炸锅价值不菲，需要一千多元，小刘又有些犹豫了：万一买回家不好用怎么办？万一炸出来的食物不好吃怎么办？她一边想着这些不确定的问题，一边在空气炸锅的展位面前走来走去。看到小刘犹豫纠结的样子，销售员对小刘说："其实，您没有必要现在就做出决定。我们公司恰好有先试用后付款的活动，您可以把锅带回家去用，如果觉得合适，再来付款；如果觉得不好用，只需要一个电话，我们的工作人员就会上门收回。"

听说还有这样的贴心服务，小刘激动不已，喜悦之情溢于言表："真的吗？太好了！那我可以试用吧，其实我特别想拥有一个空气炸锅，就是对它还不够了解。"在销售员的帮助下，小刘成功地带着空气炸锅回了家，按照销售员提供的食谱，她成功地做了烤鸡翅、烤红薯等食物，味道好极了。才试用了三天，小刘开始问自己：这个机器有哪里不好吗？我可以留下机器吗？随着厨艺提升，我一定能用这个机器做出更多的美食！这么想着，小刘根本不想退掉机器，为了避免纠结，她在第五天索性去商场交了全部款项，让自己再也没有后悔的机会。

对于拿回家里的产品，或者已经开始亲自使用的产品，人们总是会对产品产生好感。如果说在真正购买之前，人们是在找产品的优点来促使自己购买，那么，在免费试用开始之后，人们又会开始寻找产品的缺点来说服自己放弃产品。就像很难找到产品的优点一样，人们也很难找到产品的缺点，此时退货就会成为空洞的口号。实际上，在开始试用之后，人们就更容易发现产品的优点，心理上也会努力说服自己购买。

通常情况下，除非人们发现试用的产品有绝对不能接受的缺陷，否则很少会退货。尤其是在家庭生活中，如果产品本身体积比较大，搬运到家里安放费好大周折，那么大多数主妇都不愿意再把它抬出去。正是因为如此，免费的诱惑力才能从一开始延续下来，也能够有效地促使客户做出购买行为。作为销售员，当客户决定免费试用的时候，销售就已经成功了一半；作为客户，当接受免费试用的商品时，则购买已经向前迈出了一大步，就像开弓没有回头箭一样，成交的概率会大大提升。正是因为如此，在销售领域，"免费试用"的策略才会盛行不衰，才会取得如此了不起的销售业绩。

没有永远的敌人，只有永远的利益

有一位名人说，在这个世界上没有永远的敌人，只有永远的利益。这句话告诉我们，在利益一致的情况下，即使原本是敌对的关系，也有可能站在统一战线上，为了共同的利益达成共识而不懈努力和拼搏。实际上，对于销售员而言，要想真正搞定客户，就要利用利益来引导客户，让客户在驱利心理的影响下，为了追求利益而接受营销人员的建议、指导和帮助，从而积极地配合营销人员，最终促成交易。

从销售心理学的角度来说，每一个客户都有追求利益的心理。通常情况下，他们希望通过购买产品得到更多的实惠，或者是满足自己的心理需求，或者是提升自己的生活品质，或者是帮助自己解决难题。采取利益引导的方法来紧紧地抓住客户的心，前提就是要让客户认识到购买行为将会为他们的生活带来怎样的改变。那么在此之前，营销人员不仅要更深入地了解产品，熟悉产品的各项功能，也要挖掘客户的需求。做好这些基础工作，会让营销人员以利益打动客户变得更容易，也会让客户对于营销人员的推荐购买行为无法拒绝，无法抗拒。

细心的营销人员会发现，很多客户在面对营销人员向自己推销产品的时候，会本能地抵触，尤其是那些他们并不熟悉的产品，更是会让他们紧张，使他们情不自禁地想要逃避购买。这是为什么呢？因为有些人喜欢尝试新事物，对于新兴的一切都趋之若鹜，而有的人则因循守旧，害怕接触新事物，这一类人往往是既不想了解新事物，也不知道如何使用新事物。这样一来，他们当然会对新事物感到排斥。面对这样的客户，营销人员既要为客户讲解清楚新产品的好处，也要告诉客户新产品将会给他们的生活带来哪些改变。

要想把利益引导法运用得恰到好处，营销人员就要在第一时间以利益吸引客户，这样客户才有耐心继续听营销人员进行介绍。如果营销人员喋喋不休地说了很久都没有切中主题，这样不仅会引起客户的反感，使客户根本不想浪费宝贵的时间听销售员唠叨，还会在第一时间内就谢绝营销人员的推销。如此一来，沟通的渠道就关闭了，沟通的效果也就无从谈起，推销就成为不受欢迎的事情了。

作为一名保险代理人，阿米的销售业绩在公司里始终名列前茅。每当到了月度或者季度总结大会时，阿米经常上台分享自己的销售经验和心得，得到了很多同事的羡慕和称赞。那么，阿米到底是如何做的，才能把公司里一直销售低迷的养老险种推销出去呢？如今的大多数人都很重视购买大病险，因为他们意识到人吃五谷杂粮没有不生病的，而且单纯具有保障功能的大病险，费用并不是很高。但是养老险种则不同，养老险种需要交纳很高的保险费，要求在退休之后，才能享受养老保障。对于还没退休的人而言，他们似乎想不了那么长远，最多的是走一步看三步，做不到走一步看十步。

阿米每次去拜访客户，都会准备好一张五千元金额的支票，拿给客户看，并且询问客户："您等到退休之后，希望自己的退休金能够多这五千元吗？"客户自然连连点头，毕竟每个月都能领取五千元不是个小数目，这可以极大地改善生活质量，提升生活品质。阿米就等着客户点头呢，马上趁热打铁地说："当然，天上不会掉馅饼。如果想有这样的好事情发生在自己身上，我们现在每个月都要坚持付出一点点，例如，可以把一部分薪水用来购买养老保险，这样每个月需要付出的金额并不大，但是等到退休了之后，就是一笔很可观的收入。"这样，客户既看到了眼前的付出，也看到了未来的收获，就不再觉得养老保险是骗人的，是只出钱而拿不到钱的事。经过一番利弊权衡，客户很有可能接受缴纳商业养老保险的建议，来作为社会养老保险的补充，从而阿米每个月都会有这笔固定的业务。

如果先告诉客户要在以后漫长的时间里，每个月都把钱存入到保险公司的账户中，而他们却要等到退休之后才能得到微薄的回报，相信客户一定会很排斥保险，也认为保险只是画饼充饥。阿米这样的做法恰恰解决了这个问题。那就是让客户先知道结果，反过来再去思考如何能够实现这样的结果，从而使客户的购买驱动力大大增强。

在对客户进行利益引导的时候，营销人员要注意下面的两个问题。首先，要了解客户的需求，把握客户的重点需求，从而把产品的优势与客户的重点需求结合起来，成功地激发客户的购买欲望，促使客户做出购买行为。否则，即使产品再好，如果根本不是客户所需要的，也很难促使客户购买。其次，商品的利益如果是实实在在的，是可以看得见摸得着的，那么就要展示给客户看；如果是看不见摸不着，且有滞后性的，在这种情况下，营销人员就要寻找各种证据，让客户相信他们最终能够得到利益的兑现。实际上，在试图说服客户，赢得客户信任的过程中，采取数据来作为强有力的证据，往往是最好的选择。通常情况下，数据都是权威机构统计出来的，能够让客户信服，或者还可以用名人的理论和观点来说服客户，对于客户来说，这也会起到很好的效果。

作为营销人员，在买卖关系中，原本就与客户处于相对的对立面，想要说服客户，赢得客户的信任，是一件很难的事情。在和客户打交道的过程中，营销人员要多多用心，既要了解产品，也要了解客户，这样才能把产品与客户精准匹配，实现客户的利益最大化，最终以利益成功地打动客户的心，促成交易顺利地达成。

一步一个脚印，走好营销之路

作为营销人员，如果开门见山地要求客户马上就要掏钱出来购买产品，则一定会被客户拒绝，甚至会怀疑营销人员是个"骗子"。俗话说，心急吃不了热豆腐，这个道理非常符合销售行业的现状。从本质上讲，销售工作就是要从客户的口袋里掏钱的工作，如果功夫不到家，粗暴地想要以"抢夺"的方式从客户口袋里掏钱，根本做不到。明智的营销人员会从要求客户买，转化为客户主动购买，这样一来，销售便水到渠成，也会取得很好的效果。有的营销人员偏偏很心急，带着急功近利的心理，恨不得马上就让客户掏钱，这当然是不现实的，还会出现欲速则不达，事与愿违的情况。

在心理学领域，有个"登门槛效应"，直白地说，也叫"得寸进尺效应"。意思就是说，如果我们直接向他人提出一个过分的要求，往往会被他人拒绝。反之，如果我们能够先提出一个小要求，在得到他人的允诺之后，再提出更大的要求。那么，他们会想：已经答应了对方一个请求，现在再来拒绝，前面的好事就白做了。在这种心态的影响下，他们会接受第二个要求，继而接受第三、第四个要求……这样的行为就像是在爬台阶，每个人都不能一下子跨过所有的台阶，而只能一个台阶一个台阶地拾级而上。作为营销人员，在引导客户做出购买决策的过程中，不妨也采取这样的策略，步步为营，最终成功地激发客户的购买欲望，促使客户决定购买。

这天夜晚，天气特别寒冷，还下着雨夹雪。有个乞丐无处容身，又不想被活活冻死，因而带着自己唯一的财产——一口锅，来到一户人家敲门。主人说："快走吧，我们从不让陌生人来家里。"乞丐听到主人的拒绝，没有离开，他再一次尝试："好心的人，请您收留我吧，这么冷的天气里，我一定会被冻死的。我什么也不需要，只要您能让我围在火炉旁把衣服烤干，取暖，我就心满意足了。"听到乞丐的要求这么卑微，主人动了恻隐之心，很想帮助乞丐："好吧，既然你这么说，那你只能进来取暖。"

进入房间里，乞丐的身上渐渐暖和起来，他不再哆嗦了。摆脱了寒冷后，他突然觉得自己很饿。这个时候，他问主人："尊敬的主人，我可以用您的炉火，煮一锅石头汤喝吗？""石头汤？"主人很好奇，忍不住点点头，想看看乞丐到底是如何用石头煮汤喝的。眼看着锅里的水烧沸了，乞丐一边从包裹里拿出小石头放进去，一边嘀咕着："这么美味的石头汤，要是有点儿盐就好了。"主人拿了一小勺盐给乞丐，乞丐把盐加入汤里，陶醉地闻着："嗯嗯，如果再有几滴油，那么这个石头汤就是天下最美味的汤啦！"就这样，主人陆陆续续地又给了乞丐一些豌豆、芹菜末、肉末等。很快，石头汤出锅了，果然非常美味。

乞丐喝的真的是石头汤吗？当然不是。锅里虽然有石头，但是在主人给乞丐很多的主料和配料之后，已经变成了一锅不折不扣的肉糜汤。对于乞丐而言，在这样寒冷的日子里，有火炉取暖，还有如此美味的肉糜汤可以喝，简直太幸福了。乞丐是如何做到为自己烹饪一锅美味的汤的呢？他深谙"登门槛效应"，并没有直接向主人提出过高的要求，在一开始仅仅提出想进屋靠着火炉取暖。接下来，他才一步又一步地获得自己想要的东西。而主人很想好人做到底，不想因为乞丐小小的要求就拒绝乞丐。最终，乞丐顺利地达成终极目标：坐在温暖的火炉旁喝着美味的肉汤。

作为营销人员，在销售的过程中，也可以采取这种步步为营的方式，循序渐进地对客户提出要求。具体做法是，首先，营销人员要激发起客户对商品的兴趣，让客户产生购买的欲望。如果客户本身对于商品丝毫不感兴趣，那么，哪怕营销人员说得天花乱坠，客户也会不为所动。

其次，营销人员要对销售过程进行划分。如果销售的整个过程很漫长，而且进展很艰难，那么客户渐渐地就会感到疲惫，甚至会因为这种不良的购买体验而放弃购买。作为营销人员，不要一门心思地只想着如何把商品卖给客户，如何从客户的口袋里掏钱，也要以更好的策略来帮助客户达成购买意向。例如，营销人员可以对销售的过程进行划分，这样原本进展艰难的销售，会因为有了段落和层次，而变得不那么令人难以忍受。再如，营销人员在与客户沟通的时候，也要循序渐进地提出要求，要记住得寸进尺的前提是先得到寸，才能进尺。反之，如果客户对于营销人员小小的要求就表示抗拒和否定，那么营销人员即使提出更进一步的要求，也不会得到客户的认可和接纳。如果客户本身对于营销人员的戒备心理和防范意识很强，那么，营销人员一定要把握好提出要求的度，既不要提出过高的要求，也不要过于密集地提出要求，以免招致客户的反感。

步步为营是一种稳扎稳打、十分可靠的营销方式。在销售过程中，营销人员必须借助于这种营销方式，才能推进营销工作顺利向前开展。当然，不管采取哪种销售方式，最重要的就是调整好心态，以真诚和友善面对客户，也要让客户感受到我们是值得尊重和信任的，是可以托付的。只有把以上所说到的每个方面尽量做得更好，才能让销售工作进展顺利，并取得良好的成效。

心理暗示是成功营销的催化剂

在销售的过程中，很多营销人员都害怕会被客户拒绝，尤其是当客户的拒接直截了当，丝毫不加以掩饰时，往往会让营销人员感到非常难堪和尴尬，甚至会觉得丢了面子，下不来台。实际上，销售是有技巧的。要想在推动销售进程的同时，与客户之间建立良好的关系，就要多多运用心理暗示的作用，影响客户的观念，改变客户的认知，激发客户的购买欲望，增强客户的购买信心。这样一来，销售的进程才能得到保证，销售的目的也才能顺利达成。

销售的过程总是处于瞬息万变的情势之中，营销人员固然会在销售开始之前进行计划，但是计划却总是赶不上变化。随着销售工作的深入推进，随着与客户的交往互动越来越频繁，我们会发现客户的需求同样处于随时的变化中。仅以客户买房为例，也许客户一开始只需要两居室，后来想到了孩子，老人来家里帮忙带孩子，他们就会改变主意，认为自己需要一个三居室。再如，客户购买汽车，一开始认为只需要购买奔驰SMART就行，夫妻俩开车出去兜个风，很酷。随着往更深一步地想，他们觉得

SMART 的空间远远不够，因为只能坐两个人，有了孩子没地方坐。客户的心思在不停地变化，为此客户的需求也随之改变。营销人员要想做到与时俱进，要想和客户一起成长，就一定要了解客户的内心。当然，营销人员虽然要满足客户的心理需求，却不是完全要跟着客户的心理需求去展开工作，当客户对于自身的需求认识不明确时，营销人员可以引导客户，通过心理暗示的方式影响客户。

从本质上来说，对客户进行心理暗示，就是使用销售的技能来引导客户。例如，作为保险推销员，要把一份理财保险推销给年轻的夫妇。新婚夫妇生活无忧无虑，也没有经济压力，丝毫不能理解营销人员推荐的理财计划。他们只想今朝有酒今朝醉。这个时候，营销人员如何说服客户呢？"真羡慕你们，你们现在就是一生之中最快乐无忧的时刻。又有钱，又有时间，想去几次桂林都能去，就算去马尔代夫也是说走就走。我真后悔要孩子这么早，前几年，我才刚刚结婚，也和你们一样过着这样潇洒的生活。现在就不行了，自从有了孩子，根本没有时间不说，经济上的压力也越来越大。孩子上幼儿园一个月要三千多块钱，上兴趣班一个月也要一千多块钱。这还不算孩子偶尔有个头疼脑热的情况，看个感冒输液三天就又要一千多块钱，父母还得请假陪着去医院呢！想一想，现在的日子简直太好了。我也很后悔，为什么在孩子小时候没有给孩子做个理财之类的投资呢，这样至少可以让资金升值快一些，养孩子也就没有那么肉疼了。"销售员的一番话说下来，相信客户一定会瞪大眼睛以难以置信的神情看着营销人员，这个时候营销人员可以趁热打铁："没错，养孩子就是要花费这么多的时间、精力、财力、物力。你们看着我也没有办法吧，丁克不是人人都能做到的，我们唯一能做的就是提前储备一些钱，将来给孩子用，这样就可以降低将来每个月的经济负担。"在如此逻辑严密、无懈可击的推理下，相信客户一定会意识到现实生活的残酷，也会未雨绸缪抢先做好准备。

暗示对于客户的影响力是潜移默化的。在客户还没有形成明确的购买意愿之前，他们对于暗示，也许只是采取漫不经心的态度，左边耳朵听到，右边耳朵冒出，根本不走心。但是，一旦他们的购买欲望变得强烈，购买意愿就会更加明确，甚至到了要做决策的关键时期，他们就会把营销人员的暗示拿来作为说服自己购买的有力理由，对营销人员的暗示进行合理的利用。当营销人员对客户暗示得很到位，并取得了良好的效果时，就会发现，越是到交易关键环节，越是进展顺利。反之，如果营销人员此前没有对客户进行暗示，更不曾对客户施加影响，则销售到了关键环节就会受到影响，无法继续进行下去。

在销售之中，暗示就像春雨润物细无声一样，是一种非常有效的、能够促成交易的销售手段，也是一种高明的销售技巧，还是一种化为无形的销售艺术。在暗示的作用下，客户对于购买行为会更加积极，也会十分配合，所以，他们很可能花费更多的时间与营销人员讨价还价，这正意味着他们对于产品是感兴趣的，也是想要达成购买的，与此同时，营销人员会有更多的时间与客户斡旋，向客户介绍产品，或者引导客户达成交易。

在整个销售过程中，对于客户进行心理暗示，不要有太过明显的刻意的痕迹，而是要装作在不经意间提出来的，这样才能起到更好的效果。如果营销人员在暗示客户的时候，怀着急功近利的心态，让客户感觉到营销人员根本是为了赚钱，而丝毫没有为客户着想，那么，客户就会非常排斥和抵触营销人员，对于营销人员的暗示也会草木皆兵，更不会心甘情愿地接受建议。从这个意义上来说，一个营销人员如果不懂得如何暗示客户，就无法把销售工作做到极致。真正高明的营销人员，知道如何运用暗示的技巧，激发客户的购买欲望，从而达成成交的终极目标。

封闭式选择，让客户跟着你走

营销人员面对客户所说的每一句话，对于成交都有可能起到决定性影响。因而经验丰富的营销人员不会觉得说话是一件小事情，会认识到说话的重要性，也会慎重地对客户说出每一句话。尤其是在销售进入白热化阶段的时候，说什么、怎么说，更是影响深远，甚至对后面的成交环节起到至关重要的作用。有些营销人员给予客户的选择空间大到没边，导致客户选择放弃购买。其实，在客户购买的心态摇摆不定时，营销人员看似不经意说出来的每一句话，都会对客户的最终决策发生影响。很多经验丰富的销售员，在客户做决定的紧要关头，不会再给客户消极的引导，诸如问客户是否需要购买等问题会瞬间使得前面的一切努力都白费，客户的购买意愿可能再次降为原始状态——50%。明智的销售员会采取封闭式提问的方式，引导客户进行决策，帮助客户做出决定购买。例如，问客户是买这款柜机空调还是那款挂机空调，这样一来，客户会自然地选择购买柜机或者挂机，只有很小的概率会说自己什么也不买。这就是销售的艺术，也是销售成功的关键。

人的心理是很微妙的。营销人员在开展营销的时候，只有掌握客户的心理特点，才能有效促成客户做出购买行为。越是在客户即将决定购买之前摇摆不定的时候，营销人员和客户说话越是要小心谨慎，切勿信口开河。每一个营销人员都希望自己的推销能够成功，那么，除了要做好各方面的准备工作之外，还要把好语言的关，把话说得恰到好处，这样才能避免给自己留下遗憾。有的时候，轻轻的一句话就能让客户心理放松，打消顾虑，当即决定购买。有的时候，漫不经心的一句话，也会让客户与营销人员之间原本已经拉近的距离，瞬间又远隔远水千山。

原一平先生是日本的推销之神，他很擅长使用封闭式提问的方法，引导客户做出购买决策，加大与客户成交的可能性，让销售的结果更加符合预期。

有一次，原一平去拜访一位客户，准备向这位客户推销保险。这位客户是经营五金店生意的，在听完原一平对保险内容的介绍后，他非常认可，但是，他这样告诉原一平："我的钱都做理财了，需要明年到期才能用对于保险本身，我是没有异议的，非常认可。我想，理财到期，我可以购买二十万的保险。"换作其他的推销员，一定会礼貌的告辞，并且表示等待客户理财到期再来沟通。但是原一平可不是普通的销售员，他是推销之神啊。只见他很自然地拿出随身带着的保险单开始写起来，说："现在已经年底了，明年很快就来了，咱们先把保险单写好也没关系。"原一平一边填写保险单，一边询问客户一些相关的信息，客户几次暗示原一平停止，但是原一平还是继续写着："明年很快到来的，我们写好了，明年还省事呢！对了，你是喜欢按年缴费，还是喜欢按季度缴费？"客户迟疑着不知道如何回答，原一平说："我建议你还是按季度缴费比较好，这样可以把压力分散，不会觉得经济压力很大。"客户欲言又止，原一平继续说："保额的话，您刚才说是二十万对吧，我就以二十万给您计算吧！"说着，原一平做出想要落笔的样子，客户赶紧制止："先等一下，让我想一想。还是十万吧！"原一平感到很开心，客户开始思考实质性的问题了。于是，他小声地嘀咕着："您本来明明可以买二十万的保险，现在是要买十万吗？这可太可惜了……"还不等原一平继续说下去，客户又迫不及待地说："那么，还是二十万吧！"写完保险单，原一平对客户说："那么，今天交完保险金，您只要等到下个季度再去银行存入保险金即可。"客户没有迟疑，拿出钱来缴纳了第一季度的保险金。原一平给客户开了收据，在和客户告辞后，带着相关资料离开了。

看完这个故事，有人也许会觉得原一平过于强势。实际上，原一平只是在客户表现出购买意愿之后，极力推动购买行为向前发展，促使交易尽快达成。作为营销人员，绝不仅仅是服务客户那么简单，如果营销人员不能对客户起到引导和促成交易的作用，而只是一味地被客户牵着鼻子走，时时处处都以满足客户的需求为己任，那么很难达成销售目的。

在销售过程中，营销人员要想避免被客户反驳和拒绝，就要采取封闭式提问方法，引导客户回答。尤其是在客户表现出购买意向的时候，明智的营销人员会当机立断抓住客户的购买兴趣，乘胜追击，以封闭式提问让客户做出购买决策。在利用封闭式问题提问的时候，提问的内容可以是关于购买决策的，也可以是关于产品型号、数量的，还可以是关于送货日期的。只要能够对客户产生暗示作用的封闭式提问，都是可以多多使用的。当然，同样的话换作不同的表达方式，会有不同的效果。在对客户进行封闭式提问的时候，我们要发挥语言的艺术，把问题问得尽量生动，不要太过于僵硬。例如，不要询问客户："您是购买十台还是二十台电风扇？"而是要询问客户："请问，二十台电风扇能满足您的需求吗？还是需要再多一些呢？"显而易见，后一种提问方式比前一种更生动，而且还能引导客户增加采购量，可谓一举两得。把话说好，对于营销人员而言是必须做到的一点，也是必须达到的基本要求。任何销售，只有做到与客户更好地沟通与互动，才能取得理想的销售结果。

欲擒故纵，要想风筝飞得远必须学会放线

在成交的过程中，营销人员固然要推动销售向前发展，却也不要操之过急。俗话说，心急吃不了热豆腐。古人还说，欲速则不达。这些都在告诉我们很多事情只有按照自然合理的节奏去发展，才能取得最好的效果。如果总是急于求成，则很有可能导致事与愿违。

很多营销人员都发现，越是在销售的最后紧要关头，即客户准备掏出腰包里的钱来购买商品的时候，越是让人倍感煎熬。这是因为此前的沟通尽管顺利，但是客户要付出的却是真金白银，为此客户会很慎重，也会非常小心。在销售领域中，有些营销人员总是能够顺利地促成销售，因而销售的业绩非常好，也得以留在销售领域中继续发展；而有些营销人员在销售行业里摸爬滚打、浮浮沉沉一段时间后，最终选择改行，再也不想做与销售有关的工作。就是因为他们不知道如何在紧要关头促使客户成交，为销售工作的展开伤透了脑筋，自信心也受到严重的打击。作为营销人员，如何才能促使客户成交呢？首先，营销人员要理解和接纳客户的迟疑。大多数人在做决定的时候，都会仔细斟酌。如果客户购买的是贵重的物品，需要花费很多钱，就更需要慎重思考，仔细权衡。其次，营销人员看到犹豫纠结的客户，切勿一味地催促客户，否则一旦给客户留下急功近利的印象，再想赢得客户的信任就会难上加难。人人都有自尊。所以，明智的销售员会保护好客户的自尊心，给予客户更大的空间去自主决策和思考，从而让客户心甘情愿地做出购买决策，而不是被逼无奈，被赶鸭子上架。在

销售过程中，只有给客户留下良好的印象，未来进行后续的工作才会更顺利。

常言道，兔子急了也会咬人。在销售过程中，客户在经济大权上占据主动地位，在专业知识方面占据弱势地位，但是，这并不意味着客户必须听从营销人员的建议。明智的营销人员不会强迫客户，也不会给予客户糟糕的购买体验，而是会循循善诱，引导客户主动做出正确的购买决策。古人云，欲擒故纵。如果将其运用在销售领域，就是要让客户放松警惕，不再如同斗鸡一样随时都想与营销人员决一死战，而是会采取各种方式与客户闲谈，或者说一些迎合客户、认可客户的话，这样一来，客户的内心就会松懈下来。这个时候，营销人员再突然发力，一举拿下客户，让客户在猝不及防之余主动"缴械投降"。谁说销售不是一场战争呢？只不过在销售过程中，没有硝烟弥漫，战争的形式也不那么剑拔弩张而已。

作为一家工厂的首席谈判官，这一次，老刘将带领工厂代表团去到准合作伙伴的地盘上，与对方洽谈合作事宜。谈判进行了三天，前两天还算顺利，到了第三天，因为对方换了一个谈判人员老张，谈判陷入了僵局。看得出来，老张也是身经百战的老手了，这个时候让老张出马，显然是想在最后时刻再争取到更多的利益。果然，老张一上来就带着剑拔弩张的气势，不但推翻了他们此前已经达成共识的很多项目，而且提出要让老刘再让两个百分点。对此，老刘丝毫不感到被动，他不卑不亢地说："既然这样，我看也就没有必要继续谈下去了。原本呢，能够坐在一起就是缘分，有缘千里来相会。这次来到贵地的这几天时间里，都是你们在尽地主之谊。没关系，生意不成仁义在，今天晚上，我们摆席宴请大家，感谢大家几日来的辛苦和热情招待，然后，我们明天就打道回府，再寻找其他的合作伙伴。"说着，老刘起身告辞，只剩下老张惊讶地对着空荡荡的桌子。

回到宾馆，随从问老刘："刘总，我们是否有些过于急躁了。其实，再磨一磨，只让一个百分点是可以成交的。"老刘说："我们连一个百分点都不能让，他们这是仗着地利来欺负咱们呢，未来还要合作很长时间，我们必须借此机会给他们个下马威。等着吧，晚上就是签约的时刻。"果然，才过去半个小时，此前的谈判负责人就给老刘打电话："老刘啊，听说今天谈判有点儿误会，您可别放在心上，都是误会。这都怪我，今天突然闹肚子，去医院输液了，要是不换老张，也就不会出现这样的问题了。就这样，一切还是按照我们此前谈好的去拟定，今天晚上八点签约，九点给您摆送行宴，您看好吗？"老刘正等着这通电话呢，说："咱们谈了两天，您知道我带着满满的诚意而来，能让的利益，您不说，我也会主动给您让，您说了，我更是义无反顾地去达到您的满意。但是，真的已经到底线了，我自己不能砸锅卖铁去贴补这次合作吧，而且，我也没有那么雄厚的财力啊！"一通电话之后，问题迎刃而解，助理忍不住对老刘竖起大拇指。

在这个事例中，老刘很清楚对方只是想最后再争取一些利益，实际上对于合作已经没有太大异议了。所以，他才胸有成竹，采取以退为进的方式，逼着对方主动做出让步。这个方法运用得恰到好处，就能起到非常好的效果。如果运用得很生硬，再加上不合时宜，就有可能会导致事与愿违。在销售的过程中，有的时候，即使双方已经做出了让步，销售还是会陷入僵局，无法推进。在这种情况下，如果营销人员很清楚客户已经有了强烈的购买欲望，对于商品也非常认可，还知道商品完全符合客户的需求，简而言之，也就是确定客户没得跑，那么，就可以采取这样的退步方式，来"纵容"客户。需要注意的是，如果客户本来就举棋不定，没有下定决心购买，那么，营销人员千万不要纵容客户，否则就会彻底放飞客户。

很多人都曾看过猫捉老鼠的情形，就会知道猫之所以总是玩弄老鼠，是因为它知道老鼠一定跑不掉，为此才会逗弄老鼠。如果有一天，猫逗弄老鼠，老鼠跑了，那么猫下一次就会吸取教训，不敢再对老鼠掉以轻心。当然，这个比喻未必恰当，道理却是互通的。在营销之中，要想"退"得恰到好处，营销人员就要拥有丰富的营销经验，也要有高超的语言技巧，还要能够以敏锐的眼光对客户察言观色，从而才能准确洞察客户的购买心态。凡事皆有度，过犹未及。营销人员在面对客户的时候，只有坚持适时适度的原则，才能最大限度地满足客户，从而达成交易。

Part 5
接受拒绝：在拒绝中促成营销才是高手

每一个营销人员都盼望着销售过程水到渠成。他们最不想面对的就是客户的拒绝，毕竟拒绝意味着他们失去了一次交易机会，也意味着他们受到了一次打击。然而，真金不怕火炼。真正有实力有能力，充满着挑战激情和征服欲望的销售员，他们有着迎难而上的精神，越是被拒绝，越是能鼓起信心和勇气，再次努力尝试。面对拒绝自己的客户，他们就像是面对一座堡垒一样，只想在第一时间能成功地攻克堡垒。当一个营销人员能够平静地接受客户的拒绝，就能再接再厉，他们就能够在拒绝的历练中成为营销高手，成为营销界的楷模和榜样。

拒绝背后隐藏着客户需求

在整个销售行业中，没有哪个营销人员从未被客户拒绝过。也可以说，被拒绝是销售的门槛，如果能够迈过去这个门槛，就能进入销售的另一重境界；而如果被拒绝的门槛挡住，那么销售工作就会变得举步维艰，甚至有些营销人员还会放弃这份工作，彻底转行。为什么不说改行呢？是因为被拒绝吓住的销售人员根本没有真正地入行。所以，确切地说，他们只是转一个行业或者换一份工作而已。

被拒绝是营销人员的家常便饭。当然，没有任何营销人员愿意被拒绝，大家都希望自己的销售工作能够进展顺利，也希望自己的产品尽快被买走。但是，这样的愿景只是美好的希望而已，更多的时候，我们会面临被拒绝的困境，有些消费者拒绝起来还会是声色俱厉，丝毫不留情面的。那么，作为营销人员的我们，首先要练就的是"厚脸皮"吗？当然，这里所说的"厚脸皮"绝不是死皮赖脸，而是我们要提升心理承受能力，让自己在客户的拒绝面前表现得更加强大。唯有拥有强大的内心，拥有顽强不屈的精神和意志力，我们才能在销售的道路上越走越远，才能最终走到更加开阔的职业发展空间里，让自己拥有值得期待的事业和前途。

那些一旦被拒绝就转行的营销人员，那些一旦被拒绝就内心恐惧、不敢再次尝试的营销人员，最大的障碍在于，他们根本不知道消费者为什么拒绝他们，更不知道大多数消费者并不是在拒绝销售人员。更深一步来说，消费者拒绝的是营销人员推荐给他们的商品或者服务。因为这些商品和服务并不能真正满足他们的需求，所以，他们不愿意平白无故地浪费自己的时间和精力去听营销人员推销，也不愿意浪费自己辛辛苦苦挣来的钱去购买毫无用处的商品。既然如此，明智的营销人员知道应该怎么做，才能让销售行为打动客户的心。

营销人员必须真正了解消费者的购买意图，要能够向消费者推销最合适的商品。只有把这样的准备和铺垫工作做好，销售才能顺理成章地进行下去。否则，如果消费者对营销人员关闭心扉，不愿意倾听营销人员推销产品，更不会采纳营销人员的建议，那么交易就不可能达成。

作为一名保险推销员，朱莉一直试图向一个家庭推销重疾保险。但是，每次朱莉拿着保险单去拜访的时候，家庭里的父母总是马上拒绝朱莉，而且，对于朱莉的到来表现出很不欢迎的态度。尤其是在家里更具权威的爸爸，总是说"保险都是骗人的"，这让朱莉感到很尴尬，也不知道如何回应。但是，朱莉很清楚这家人需要保险，因为这家的经济条件并不是很好。直到有一天，朱莉得知这家的大儿子因为一场病毒性感冒患上爆发性心肌炎，在医院里抢救了十几天才得以活命。这时，朱莉意识到销售保险的机会到了。

这一次，朱莉不仅带着返本型重疾险去拜访，而且还特意准备了纯消费型的重疾险。爸爸看到朱莉来了，连门都不让朱莉进。朱莉说："我不是来向您推销保险的，我只是想要告诉您，如果您之前买了保险，那么这次孩子生病根本不需要花家里的钱。"听到朱莉这么说，爸爸眼中有光芒在闪烁，问朱莉："都能报销？"朱莉点点头，说："我想知道您为何不愿意买保险？"爸爸说："我有三个孩子，家里五口人，都买保险是一笔很大的开销。"朱莉说："保险正是以小搏大啊。就像这次您孩子生病，花费的钱足够全家人买好几年的保险。买了保险，您就不会害怕疾病突如其来伤害家里的人了。我正是听到您的孩子得了爆发性心肌炎，才特意来告诉您买保险的好处。您不想花费最少的钱为全家人购买最大的保障吗？这次我准备了纯消费型重疾险，没有返还型的那么贵，只需要花费为一个人购买返还型保险的钱，就可以为全家人买理赔额度更大的纯消费型重疾险，我想您一定需要。"在朱莉的详细讲解下，遭遇了风险的爸爸当即决定为全家人购买纯消费型重疾险。

朱莉一开始推销保险的时候，总是被爸爸拒绝，是因为她没有掌握这家人的核心需求。因为家庭经济紧张，全家人购买返还型重疾险需要花费七八万元钱，为此，爸爸作为一家之主很清楚家里根本没有这笔额外的钱购买保险，尤其是返还的钱都是要到若干年后才能兑现，简直是画饼充饥。后来，朱莉通过这家孩子生病的事情，意识到对于这家人而言，花费重金购买返还型保险并不是急需，而以最少的钱得到最大的保障才是他们迫切需要的。所以，特别为客户设计了全家纯消费型重疾保险的组合，购买这些保险只需要花费此前一个人购买返还型消费保险的钱。亲眼看到孩子生病，花费了很多钱的爸爸，终于动了心，决定为全家购买大额重疾险。

作为营销人员，如果不能听懂客户拒绝背后隐藏的真实心声，就很难为客户推销合适的商品，也无法促使交易达成。很多营销人员一味地把自己认为好的东西推销给客户，实际上，这对于客户来说是很糟糕的消费体验。有些客户爱面子，有隐情，不愿意把自己的真实情况和盘托出，这就需要营销人员能够听懂客户的拒绝，能够意识到客户的拒绝背后也许隐藏着很大的真实需求，从而才能恰到好处地满足客户的需求，顺利地促成交易。

分清拒绝，或许只是被试探

真正的销售，往往是从被拒绝开始。也许把产品顺利地卖给那些熟悉且认可我们的人，会快速提升我们的销售业绩，也会充实我们的钱包，但是，如果从挑战性的角度而言，把产品最终卖给那些曾经拒绝我们的人，才是最大的成功，才会让我们获得满满的成就感。这就像是吃肉，有的人就喜欢吃瘦肉，有的人却专门喜欢啃骨头。这是因为从骨头上啃下来的肉更能够让他们获得征服的满足感，也会让他们在吃肉的过程中获得更多的乐趣。作为营销人员，我们希望与所有的客户都能顺利地成交，然而，这个愿望注定只能是不切实际的空想。因为现实中，顺利成交的客户往往少之又少，大多数销售都要经历一段艰难的沟通过程之后，才能让客户产生购买兴趣或者欲望，然后，营销人员才能以合适的方法促成客户成交。

面对被客户拒绝，营销人员总是感到非常沮丧。尤其是大多数客户在拒绝营销人员的时候，往往都是直截了当，不加丝毫解释的。他们认为，拒绝就是拒绝，我没有必要做出解释。也有的客户会直接逃避营销人员，这让营销人员更难以找到机会和客户沟通。但是，要想把拒绝从销售的终结转为销售的开始，营销人员就必须要和客户沟通，知道客户为何拒绝，这样才能有针对性地去完善提供给客户的购买方案，从而促进成交。了解客户拒绝的真实原因，有效地解决问题或者打消客户的疑虑，这是成功销售的根本所在。

也有些时候，客户的拒绝不是发自本心的，而是故意做出来的表面现象。如何甄别客户的拒绝是真还是假，依然要从客户的拒绝原因入手。有些客户之所以拒绝，是因为他们没有购买的需求，或者真的不喜欢产品；有些客户拒绝的原因，是因为营销人员还没有说服他们购买。对于前一种客户，如果营销人员不能激发客户的购买欲望，想要实现成功销售就会很困难。对于后一种客户，显而易见，销售员必须提升自己的说服能力和销售技巧，才能有效地说服客户，才能推动销售工作顺利向前发展。

大多数情况下，客户拒绝营销人员都是托词，不是他们真正拒绝购买。尤其是在对于商品并没有深入了解的情况下，客户的拒绝是官方的、形式上的。也有一些客户不好意思说出真实的原因，例如自己没有钱，或者不想伤害营销人员的自尊心。为此，他们会不假思索地就说出几个不痛不痒、无关紧要的理由，希望营销人员能够知难而退，停止推销。绝大部分的营销人员在面对客户做出这样的反应时，的确如同得到了特赦令一样，马上就会逃之夭夭。但是不得不说，这样的营销人员心里很虚，他们对于销售工作原本就怀着排斥和抵触的心理。要想改变这种情况，营销人员要端正对待销售工作的心态，要有效提升自我、战胜自我，增强销售的信心。真正生命力顽强的营销人员，面对各种形式的拒绝，都会有深入钻研的精神，他们对于拒绝不卑不亢，哪怕最终得到的结果不是自己想要的，他们也能欣然接受。然而，他们必须知道真相，不能始终被蒙在鼓里，因为只有真相才是成长的阶梯。

如何判断拒绝理由的真假呢？通常情况下，敷衍了事的拒绝理由听上去都很空洞，没有涉及到具体的拒绝原因，例如"我考虑下回复你"、"我需要和我爱人商量一下"、"我们有长久的合作伙伴"、"我对于你们的产品挺满意的，但是已经没有预算了"……诸如此类的拒绝理由很空洞，是没有实际意义的，这说明对方在拒绝你的时候，并没有认真思考你推荐的产品是否是他们所需要的，是否能够满足他们的需求。相反，那些经过思考的真正的拒绝之词，就显得更加务实，更加确凿。比如，"我没有那么多钱，仅有的钱还要留着吃饭呢，不能买这种可买可不买的'奢侈品'"，"我很愿意独立做决定，但是我家的任何事情都要经过我老婆点头，所以很遗憾"，"我只是一个管事的，不是负责点头做决定的，我认为，你必须找我的上司领导去谈"，"我知道你的产品很好，但是我们不需要这种高标准的产品，而是以更低的价格买低配的产品，就足以满足我们的需要了。"……诸如此类的原因，平白朴实，也言之凿凿，是很可信的。在说出这些拒绝理由之前，客户已经针对产品进行了理性地思考，因而得到这样的拒绝，营销人员无需继续纠缠客户购买。当然，如果客户是对某一款产品不满意，那么，还可以给客户推荐更高规格的产品，以满足客户的需求。总而言之，面对客户不同形式和不同初衷的拒绝，营销人员一定要擦亮眼睛，准确辨识和判断，这样才能推动销售工作不断地向前发展，也促使交易顺利达成。

对于大多数销售员而言，能否促使交易达成，关键就在于找到客户拒绝的真实原因。为了未雨绸缪，经验丰富的营销人员还会在被客户拒绝之前，先做好预案，想好一旦遭到客户的拒绝要怎么回应。这样一来，当被客户拒绝的时候，营销人员就会更加积极主动地应对，也能够取得较好的效果。

有些客户，拒绝的时候并不会开门见山，他们在表面的拒绝理由之下，还隐藏着一个真实的拒绝原因。营销人员要想有针对性地帮助客户解决难题，促使客户达成交易，就要拨开层层的迷雾，看到迷雾之下隐藏的真相。有些客户会以价格过高为由拒绝销售员，尽管这个理由是最常见的，却蕴含着不同层次的意思。也许客户真的觉得价格太高，也许客户只是想借此机会迫使你降价，也许客户是在欲擒故纵让你放出低价。针对客户说出这句话时不同的心态，营销人员要做出不同形式的应对，只有这样才能收到最佳的销售效果。总而言之，销售的对象和主体都在改变，作为营销人员，工作的难点正在于要和不同的客户打交道，要针对同一个客户的不同心思随机应变，所以，人们说销售工作是极具挑战性的，也会让人快速地成长和成熟起来。作为营销人员，你做好准备去识别客户的不同"伎俩"了吗？你对客户看得深一点，销售成功的概率就会更大一点。

给现实的拒绝以现实的解决方案

客户的拒绝是对销售员的最大考验。一个真正热爱销售工作，喜欢从销售工作中获得成就感的营销人员，也会接受拒绝。因为只有遇到棋逢对手的客户，营销人员才能在"征服"客户的过程中获得成就感。如果每一个客户都主动来选购产品，那么，营销人员充其量也就是一个卖东西的人而已。想想就会感到很兴奋：客户一开始说"不行"，在我们的努力之下，他们又开始说"行"，而且非常认可我们和我们所推销的产品。这样的转变当然不可能轻易实现，需要我们付出努力才能得以实现的。

当客户说不行的时候，你脑海中的第一反应是什么？如果你感到很沮丧，当即就想离开，那么则意味着你注定失败，因为放弃就是最彻底的失败。如果你很兴奋，认为客户只是现在不行，而不是始终都不行，那么，你就会意识到未来这个客户很有可能成交。从这种意义上来说，拒绝不是销售的终结，而是销售的开始，甚至还有可能隐藏着很多成功销售的契机，也能反应出客户对于产品的购买兴趣。

客户为何会拒绝呢？或者是因为他们本身有疑虑，不确定是否需要购买，也有可能是销售员不恰当的介绍，引起了他们的反感，导致他们产生更多的疑虑。当然，也有可能是客户需要征求更多人的意见，才能下定决心。或者，客户根本不想购买。在展开销售工作之前，或者在销售进行之初，我们很有必要对客户进行一定的了解，至少要尽可能地确定客户是否是潜在的购买者。对于客户了解得越多，营销人员的销售工作进展得就会越顺利，否则，就会举步维艰。在了解客户的过程中，营销人员还要尽量做到以下几点：首先，要赢得客户的信任。信任是人际相处的基础。营销人员与客户的关系虽然不是朋友关系，但是营销人员要经手为客户购买各种价值的产品，因而赢得客户的信任很重要。其次，营销人员要尽量与客户建立友好的关系。如果作为营销人员能够和客户相处得就像朋友那么亲密，则营销人员和客户之间交易就会顺利达成；再次，营销人员要富有热情地对产品进行演示。看过电视购物的导购员吗？他们的声音充满热情，也会给客户带来急迫感；最后，营销人员要找到客户的热键。什么是客户的热键呢？就是能够激发客户热情的出发点。不得不说，有相当一部分客户的购买行为是在冲动下做出的。燃烧客户的购买热情，也就是在提高客户成交的概率。

　　如何克服客户的拒绝呢？看到这里，很多朋友一定都迫不及待地想要知道解决之道。别着急，既然已经发现了问题，就必须解决问题。在明确拒绝的真正原因后，解决问题也就变得水到渠成了。首先，认真倾听客户的拒绝，这样才能辨识拒绝是真的理由还是假的托词。在被拒绝之后，切勿否定客户的拒绝，要耐心接受客户的拒绝，这样对于安抚客户的情绪，拉近与客户的距离，有很大的好处。如果在这个环节就开始否定客户，只会导致客户放弃与你继续交流。其次，当你得知客户的拒绝原因后，接下来就要为解决问题做准备。那么，请你确定客户拒绝的真实原因是否只有这一个。如果客户拒绝有很多的原因，那么，你只解决这一个原因是远远不够的。反之，如果客户拒绝只有这一个原因，而且你也有能力解决这个原因，那么你就可以集中力量来攻克这个难题。再次，确定原因后，要为签单做铺垫，即换一种表达方式，或者委婉或者直接地和客户确定，一旦你解决了横亘在你们之间的障碍，客户就会与你达成交易。这个环节很重要，就相当于要求客户给你一个承诺。如果没有承诺，即使你解决了问题，客户也很有可能放弃购买。如果有承诺，那么，当你解决了问题后，客户往往不好意思出尔反尔，而是会选择兑现承诺。最后，以巧妙的方式推动销售工作朝着签单发展，并且在合适的时机下，可以直接把单据拿出来着手填写，以此试探和观察客户的反应，那么接下来就可以顺理成章地签单。如果销售的是需要送货的产品，还要和客户确定好送货的时间和地址，这些都是细节问题，也很重要。

既然是交易，营销人员和客户之间就处于微妙的对立关系中，彼此之间很难"一见钟情"。退一步而言，即使客户真的对产品非常满意，他们也会以各种理由来表示拒绝，这些不同的拒绝理由背后，隐藏着不同的拒绝原因，是值得营销人员深入探究的。对于营销人员而言，不管面对怎样的客户，其终极目标就是顺利签约。那么，所做的一切都要为了签约做准备，做铺垫，这样才能促使销售顺利达成。

从客户的异议中找到成交机会

俗话说，嫌货才是买货。这里的嫌货不仅仅指挑剔商品的质量，也有可能对商品的价格、购买的流程、付款的方式不满意。面对这样挑剔的客户，营销人员要怎么做呢？有些营销人员小肚鸡肠，一旦看到客户对商品有异议，马上就表现出难以接受的样子，甚至还会反驳客户。从本质上来说，对商品有异议的客户，成交的概率会大大提高，反而是那些对于商品既没有感觉，也不会说商品任何缺点和不足的客户，才是真正不走心的客户，因为他们没有购买欲望，所以才会对商品抱着漫不经心的态度。

经验丰富的营销人员，会果断抓住客户的异议，从客户的异议中寻找机会，促进成交。例如客户说"商品都还好，就是价格太贵，要是能优惠到三千元，倒是可以考虑购买的"。这时，如果营销人员心中有数，知道商品可以以三千元的低价成交，那么，就要趁机迫使客户做出购买决断："如果我能申请到三千元的价格，您能马上成交吗？"如果客户的回答是肯定的，而且营销人员也知道三千元与底价相差不大，那么，接下来只需要找上级主管申请价格优惠即可。再如，如果客户说"这个面包不错，就是保质期太短了，要是保质期长些，还是可以作为早餐食用的"，那么，营销人员可以推荐同款的、保质期更长的面包。面对客户，营销人员永远也不知道客户会提出哪些意见，甚至是质疑。但是，有一点是不变的，即营销人员必须努力去打消客户心中的疑虑，才能促使交易达成。也就是说，营销人员要想推动整个销售流程向前发展，必须迈过被客户拒绝这道坎。

众所周知，如今大城市里房价飙升，所以很多"漂"在大城市里的外地人，或者是租房住，或者是集几家人的力量，买一套小小的房子，是不折不扣的"蜗居"。为了迎合很多年轻的刚需购房者的需要，有些楼盘还推出了三四十平米的小户型，这就注定了这些小户型的厨房、卫生间都是很小的。卫生间还好，没有足够的空间安装浴盆，但可以用淋浴；厨房里的很多家电就面临无处安放的尴尬了。近来，西门子厨卫针对小户型推出了微蒸烤一体机，解决了很多刚需客户无法在微波炉、蒸箱、烤箱之间做出选择的难题，也最大限度地满足了客户多样化烹饪的需要。然而，毕竟这是一款刚刚问世的电器，客户们在选购这款产品的时候，难免会有很多的疑虑。

作为西门子厨卫家电的推销员，小张在十一假期迎来了销售高峰。这一天，才刚刚开门迎客，小张就接待了一对年轻的小夫妻。听说有这种三合一的电器，女顾客非常兴奋："简直太好了，有了这个微蒸烤一体机，我就不愁没地方放那么多的厨房家电了！"男顾客显然想得更长远，问小张："这款电器的功能这么多，会不会面面俱到，却又样样都不精通呢？如果把电器每一种功能单独使用，有没有分开三个电器的功能好呢？"小张坦诚回答："如果您需要顶级的微波、蒸箱和烤箱功能，恐怕这款电器无法胜任。不过，如果您只是想要普通的水平，这款电器还是可以做到的。"女顾客在男顾客的提醒下，突然想起来一个重要的问题，当即问："这款电器功能多，会不会很容易坏？通常情况下，都是功能越多，越是容易出故障。"女顾客的这个提问很犀利，小张一时之间不知道该说什么，认真思考片刻，他才拿出产品的说明书和保修卡，对女顾客说："这款产品的零配件都是进口的，质量过关，高于国内同类产品的标准，而且有一年的质保期。如果您担心产品出问题，现在还有延保费用八折的优惠活动，您可以购买延保，免除后顾之忧。"在小张耐心的解释下，女顾客疑虑尽消，当即决定购买一台微蒸烤一体机。就这样，小张面对顾客的异议，有针对性地做出解答，消除了客户的疑问，成功促成了交易。

正如有位名人曾经说过的，苦难是弱者的深渊，是强者晋身的阶梯。对于营销人员而言，异议是弱者的销售障碍，是强者的成交机会。每一个有实力的营销人员，即使面对客户的拒绝也能做到勇往直前，如此一来，客户的异议又能算是什么呢？只是为他们提供了成功销售的契机而已。

作为营销人员，每天都要与形形色色的客户打交道，一定要做好心理准备，这样才能随时消除客户的异议，以有效的方法激发起客户的购买意向，给予客户充足的购买理由。当营销人员把这几个大的方面都考虑到了，并且也做好了后，那么面对客户，营销人员只需要再做好其他的细节，就能促使销售工作顺利进行下去。

如何面对客户说"不"

在血雨腥风的战场上，什么样子的战士能活下来，什么样子的战士容易失去生命呢？毫无疑问，有勇有谋、骁勇善战的战士能活下来，相反，那些盲目乐观、没有认清楚形势的战士和那些胆小怯懦、畏缩不前的战士，最容易失去生命。由此可见，过于勇猛、盲目乐观，都不能让我们活得更好，只有客观分析形势，认清现状，经过理性的思考，采取有效的措施保护自己，主动进攻，我们才能活得更好。人在战场，必须坚强勇敢，该马上决策的时候就果断决策，该奋勇向前的时候，就立刻策马扬鞭努力向前，否则，只有死路一条。俗话说，商场如战场，如果想在商场上活得更好，我们又要怎么做呢？

在商场上，作为营销人员，面对的最残酷情况之一，就是被客户拒绝。很多内心脆弱的营销人员，一旦被客户拒绝就会变得非常沮丧，甚至放弃继续从事销售工作。不得不说，这样受到小小打击就一蹶不振的人的确不适合从事销售工作，趁早转行也是对自己负责任的做法。正确的做法是什么呢？是越挫越勇，是迎难而上，是振奋精神，是再接再厉。

具体而言，面对客户说"不"，营销人员有以下的方法可以使用，也将会起到立竿见影的效果。

第一种方法是不抵抗法。有些营销人员最不能容忍的就是客户的否定和质疑，哪怕客户只是提出对于商品的不满意，他们也会马上就像斗鸡一样奋起反击。其实，认真地倾听客户的真实想法，不但能够表现出对客户的尊重，也有助于和客户之间维持友好的关系。如果在一开始就与客户交恶，对于客户所说的话全盘否定，猛烈抨击，那么，与客户之间怎么可能进行良好的沟通呢？没有顺畅的沟通作为基础，营销人员与客户之间的互动就会很难，销售工作自然也就无法展开。对于客户的观点，营销人员不但要接纳，还要对于其中某些出彩的观点表示认同，给予客户积极的回应。人与人之间总是相互的，相信当营销人员认真倾听客户，客户也会给予营销人员以尊重和理解，甚至会宽容地采纳营销人员的不同意见。

　　第二种方法是反问法。有些客户为了压低价格，占据主动，总是会吹毛求疵地找出商品的缺点或者不足，会反对营销人员提出的合理化建议。对于这样的客户，营销人员切勿与对方较真，或者非要改变对方的观点。这是可以尝试着以反问的方式把难题返还给客户，让客户来解释自己的疑问。如果客户是在无理取闹，他们就会产生搬起石头砸自己的脚的尴尬局面；如果客户振振有词，说得有理有据，则说明他们的确有道理，营销人员更是要认真倾听客户。采用反问法把难题踢给客户，可以在最短的时间内让销售员从困境中解脱出来，也可以让营销人员从被动转化为主动，从而在销售过程中有更大的空间施展销售技巧，发挥销售魅力，真正地征服客户。

　　第三种方法是冷处理法。如果客户给出一连串的拒绝，营销人员难道要去逐个击破吗？当然不是。如果不放过客户的每一个拒绝，总是据理力争、竭尽所能地反驳客户，非但不能赢得客户的认可和好感，反而有可能激怒客户，使得客户愤然离开。这样一来，营销人员自然彻底地失去了成交的机会。营销人员对于客户的拒绝可以采取睁一只眼闭一只眼的态度，如果认为拒绝会影响成交，那么就要积极地给客户解答，帮助客户消除疑虑。如果拒绝无关紧要，更像是客户在发牢骚或者自言自语，那么明智的营销人员会假装没有听到客户的拒绝，默默地加快推销的节奏，尽量把重点问题向客户阐述清楚。这是根据轻重缓急来做出的选择，对于促成交易大有好处。聪明的营销人员还会适时地迎合客户，对客户的提议表示认可和欣赏，这样一来，客户收获了成就感，自然也就不会故意和营销人员对着干，或者针对营销人员，刁难营销人员。

第四种方法是巧妙转化，把劣势转化为优势。这需要营销人员有很强的应变能力，才能根据客户的拒绝马上就进行转化。例如，面对当下最流行的对开门冰箱，客户很犹豫："我家才三口人，用不到这么大空间的一个冰箱，足足有六百多升呢！"无言以对的营销人员也许会对客户说："好的，您可以看看双开门的款式，或者是三开门的，容量大概三百升。"善于脑筋急转弯的营销人员当即就会说："其实，我的选择和您恰恰相反。如果我是您，我会选择这款对开门冰箱，不仅仅因为它是新款，样子好看，也是因为三口之家，每到逢年过节的时候，为了有节日的气氛会做很多的美味佳肴，但是一顿根本吃不完，会剩下很多，因此就更需要冰箱来储存了。您觉得呢？"经过营销人员这样合情合理的解释，客户也会随之转念一想："的确，如果冰箱太小，做菜都会受到限制，还是有大冰箱好，用不完可以空着，总比小冰箱想用却没有空间用更好。大冰箱也贵不了多少钱，一台冰箱能用好多年呢，我还是买大冰箱吧！"这样的巧妙转化，成功地改变了客户的心思，让客户从坚定不移地想买小冰箱，转化为对大冰箱心动，这都是营销人员引导得好。

第五种方法是避重就轻的比较法。如今的市场上，虽然同类商品很多，但是在不同品牌和型号的商品之间，还是有很多区别的。作为营销人员，切勿说自己所出售的商品完美得无懈可击，尤其是在客户已经对商品提出异议的情况下。营销人员要尊重事实，然后避重就轻地与其他商品比较，来强调本商品的优势，避开本商品的劣势，从而让客户获得心理上的平衡，这样才能让客户更愿意接受本商品，促使客户下定决心购买。尤其需要注意的是，比较法要以事实为基础，要让客户看到营销人员不是在信口开河地吹嘘自己所卖的商品，要给客户留下专业诚信的印象，从而让销售顺利进行下去。否则，没有了信任作为基础的销售，是事倍功半的。

第六种方法，提供有利的证据说服客户。作为营销人员，会主动去说商品的优势，因而客户要想发现商品的劣势和不足，往往只能依靠自己的"火眼金睛"。这样一来，就形成了一种非常微妙的情况，即营销人员"王婆卖瓜，自卖自夸"，而客户总是带着质疑且警惕的心态，生怕一不小心就会被营销人员欺骗。作为营销人员，固然要卖力地推销商品，却不要盲目地夸大商品的各种功能和好处，或者即使在隆重向客户介绍商品的独特之处时，也不能仅凭着三寸不烂之舌就想得到客户的信任，必须提供有利的证据，才能增强对客户的说服力。这些证据可以是权威机构的认定书，也可以是某个权威人士的评价，还可以是产品的生产原料证明，还可以是产品的功能证明。这些证据都必须是实实在在的，如果想以某个热销品牌的产品作为推销本品牌的跳板，那么，还可以制订详细的对比表，从数据、性能等角度，让客户更深入地认识本产品，从而心甘情愿地接纳本产品。需要注意的是，在提供比较证据的时候，可以说自己的产品更好，却不要指责被比较的产品不好，否则会给客户留下为了竞争不择手段的恶劣印象。因为有些客户还是很看重人品的，他们更愿意和规规矩矩做生意的人打交道。

总而言之，面对客户的拒绝，营销人员有很多种方法可以应对。前提是，既要先深入了解产品，也要能熟练展示产品，然后要做到了解客户，洞察客户的购买心理，这样才能两面兼顾，根据推销的实际情况进行适时的策略调整，采取有效的方法来解决销售过程中产生的各种问题。

营销人员在与客户沟通的时候，一定要认真用心，不要认为客户说的是无关紧要的话，就对客户表现出漫不经心。有的时候，恰恰是从闲谈之中，我们能够采集到更多有用的信息。因为在闲谈的状态下，客户的身心都很放松，说出来的话也更加真实可信。在被客户拒绝的时候，重点不在于因为被拒绝就怒火中烧，而在于洞察客户拒绝的表相之下，隐藏着的真实的拒绝原因。所谓解铃还须系铃人，只有针对深层次的拒绝原因解决拒绝的难题，才能让成交变得水到渠成。

先发制人，阻止客户的拒绝

未雨绸缪，防患于未然，总是比亡羊补牢来得更好。作为营销人员，如果能够在客户拒绝之前，就先做好准备，先发制人，拒绝客户的拒绝，那么一定会发挥很好的效果。当然，这么做并不容易，必须先洞察客户的内心，通过客户的言行举止及时把握客户内心的动态，从而才能采取有效的办法。相信很多营销人员都曾经被客户以"价格过高"为由拒绝过。当听到"太贵了"、"价格太高了"、"别家比你家便宜"时，大部分营销人员都会情不自禁地皱起眉头，恨不得当即就反驳客户"胡说八道"、"眼光不好，分不出商品的好坏"等。的确，每个营销人员都认为自己的商品质量是最好的，也认为自己的商品价格是与质量相符的，还认为所有的客户都应该接受这样合理的价格。从本质上来说，买卖处于对立的关系，买的人总是希望在保证质量的基础上，价格越便宜越好，而卖的人则希望能够把产品卖出好价格。面对这样的矛盾，作为营销人员，只能先发制人，尽量防止客户拒绝。

营销人员必须知道，很多客户只是以拒绝为借口，借此拖延当场做出购买的决定，或者搪塞营销人员。有的时候，客户也知道拒绝对于营销人员来说是很难面对的，为此他们决定采取隐晦的方式和委婉的措辞来拒绝营销人员，从而避免自己和对方都陷入尴尬的处境之中。作为营销人员，要知道客户拒绝的真正原因，这样才能提前采取措施，从而避免客户把拒绝的话说出口。最好的方式是，把客户有可能用来拒绝的问题，全都提前解决掉。例如，大部分客户都认为商品的价格贵，那么何不展示商品的品质，主动与其他的同类产品进行比较呢？这样一来，在亲眼见证商品的优秀品质后，客户也就不会以价格作为拒绝的理由了。如果客户对于商品的功能有疑虑，不如让客户亲自参与演示，亲手操作，这样一来，客户亲身体验了产品的强大功能，自然会更加认可产品，也会对产品的优缺点进行权衡，最终理性地做出购买决定。

在销售过程中，营销人员常常需要与陌生的客户打交道，很难知道客户会做出怎样的反应，毕竟每个客户的想法都是完全不同的。虽然如此，我们依然可以从大量被拒绝的情况中，总结出概率更大的情况。所谓熟能生巧，刚刚入行的营销人员往往很难圆满地应对客户的拒绝，只有那些经验丰富、思维敏捷的营销员，才能更好地应对客户的拒绝。为了提升销售水平，熟练掌握销售技巧，营销人员应该在真正面对客户之前，就与身边的人进行角色扮演，模仿销售的情境，积极地练习，这样才能更从容地面对一般情况下可能会出现的情况。不得不说，这是有效提升销售技能的好方式，也能帮助营销人员在短时间内积累经验，提升销售水平，掌握销售的技巧。

除了以上这几个方面之外，还有一种方法可以未雨绸缪地避免客户拒绝。在销售过程中，营销人员只靠着自己的三寸不烂之舌，想要成功说服客户是很难的。明智的营销人员都知道，可以借助已经成交的老客户的力量，来说服现在的新客户。既可以让新客户和老客户通电话，也可以为老客户录制视频，让老客户分享使用产品的经验和感受，这样可以有效地说服新客户，得到新客户的信任。

当然，在任何行业里，最强的竞争都来自于同行。大多数客户不能当即下定决心购买的最大原因，就是想去和同类别的产品进行比较。与其让客户亲自跑断腿去比较各种同类商品，不如先制作对比的图表，把各种和本公司相似的品牌产品列举出来，然后根据不同的方面进行列举比较。当营销人员拿出这样的表格时，一定会让客户感到非常欣喜，因为客户本身并不想劳神费力地四处奔波，找各种产品做对比，尤其是大多数客户都不是行家，他们并不太懂得和产品相关的专业知识，所以会出现比较越多，越是感到头绪混乱的情况。在这种情况下，如果营销人员能够帮助和引导客户进行比较，也让客户对于想比较的各种产品一目了然，则一定会大大提升客户购买的信心，也能帮助客户更快地下定决心选购产品。

作为营销人员，如果能在客户提出拒绝之前，通过产品演示、产品比较表等方式，消除客户心中的疑虑，坚定客户的购买信心，则销售的过程会更加顺利，营销人员也就能够更加顺利地签下订单。当然，这是销售的至高境界，不是轻而易举就能达到的，与其在花费很多努力之后销售毫无进展，没有收获，不如先着重培养和提升自身的销售能力，这样才能让销售水到渠成，也能让销售变得愉快且效率倍增。

Part 6
营销谈判：把话说到客户心里去

俗话说，销售全靠一张嘴。当然，这种说法有失偏颇，因为销售并非只靠着三寸不烂之舌就能把东西卖出去，还要有专业的知识、服务的意识，更要掌握与客户打交道的方式方法，从而才能有效地打动客户的心。然而，语言是一切的外衣，营销人员的思想、见识、素质、涵养，以及销售的技巧与艺术，包括与产品相关的特点、优势等，都要通过营销人员的语言传达出来，为客户接受和理解。那么，在面面俱到地提升自己时，营销人员最重要的就是要提升语言表达能力，学会在营销谈判中，把话说到客户的心里去，这样才能成功地"俘虏"客户。

以退为进，让客户感受到你的真诚

没有人喜欢面对一个咄咄逼人的人，尤其是客户在购物过程中，原本就是希望自己被当成是上帝，就更不愿意承受营销人员的强势态度，因为它容易令人产生压迫感。从本质上而言，销售过程中始终充满着博弈，也是营销人员和客户之间进行的谈判。营销人员想方设法地表现出商品的优势，希望能够说服客户购买，而客户则总是希望质量更好、价格更低。由此一来，营销人员与客户之间就自然地产生了矛盾，甚至会发生争执。当他们无法通过交谈达成一致的时候，矛盾就会白热化，争执也会更加针锋相对。在这种情况下，如果营销人员不懂得退让，很有可能让之前的所有努力全都付诸东流。

争执从来不是解决问题的好方式，更何况销售不是辩论赛。任何时候，营销人员都要牢记销售的目标，不忘销售的初心，那就是促使交易达成。当坚持朝着这个目标努力前行时，营销人员就会明确销售的原则，会主动地采取退让的态度，做到以退为进，这样不仅能够避免情况继续恶化，也能扭转局势，让销售最终成功。

很多擅长谈判的朋友们都知道，在谈判桌上，最高明的谈判方法不是咄咄逼人，而是能以退为进，看起来是在退步，而实际上却能够以此为策略达成最终的目的。很多外行人不懂得谈判的技巧，也不会欣赏谈判的艺术，总觉得所谓退就是失败，只有坚持进取才能获得成功。实际上，退让的一方不是一退到底，而是在与对方剑拔弩张的时候，能够用退让来帮助自己赢得更大的空间去斡旋，以主动谦让的姿态打动对方的心，让对方也采取同样的方式对待我们。这样不仅能够有效地改变此前针锋相对的状态，而且还能让双方都能主动退让一步，从而海阔天空。可以说，"退"是一种策略，也是一种艺术，更是一种气度。

艾伦在一家服装厂里负责推销，主要工作就是把公司生产的新款工装推销出去。所以，艾伦的客户不是个人，而是一家家公司或者企业，和很多大型的酒店、商场等。最近，艾伦正在发展大客户，她有好几家备选的商场、酒店，其中，她最为关注的是一家最大的连锁酒店。艾伦几次去拜访这家酒店的负责人，都被拒之门外。有一次，艾伦好不容易见到负责人，负责人却对艾伦摆摆手，说："对不起，我们暂时不需要。"看着彬彬有礼的负责人，艾伦却感觉到自己被拒之于千里之外。不过，负责人很有礼貌，也没有像有些潜在客户那样对艾伦满脸嫌恶。后来，艾伦多方打听，得知这家酒店有专门的工装供货商，而且是已经合作了很多年的。思来想去，艾伦决定硬攻不行，就要智取，她决定换一种方式，以退为进。

艾伦继续等待机会见到酒店负责人，等了好几天，才又见到他。酒店负责人看到艾伦，正准备摆手拒绝呢，艾伦抢先说："我想请教您一个问题，只耽误您五分钟的时间，希望您给我这个机会。"其实，这个负责人知道艾伦已经等了好几天了，现在听说艾伦要请教问题，不由得感到纳闷，也感到沾沾自喜：请教我？那我不能再让你吃闭门羹了。就这样，负责人邀请艾伦去她的办公室，同时约定只能给她五分钟的时间。到了办公室，艾伦从包里拿出一套工装，说："您见多识广，而且负责整个集团的采购工作，所以，我想问问您我们的新款工装应该定价多少才算合适。"负责人很疑惑："你们市场部的人就应该能提供建议啊！"艾伦说："的确，他们给出了定价，不过我们领导认为还需要慎重考虑，才能合理定价。我想到您有多年的采购经验，因而就主动请缨带着样品来请教您。"被艾伦这样一番恭维，负责人感到很开心，她拿起工装认真查看，检查工装的做工和质地，最终给了艾伦一个市场价。艾伦非常感谢负责人，叠好工装准备离开，负责人突然说："请等一等，你可以把这套工装留在我们这里吗？我想看一看。"艾伦很高兴地留下工装，说："如果您需要，我一定会为您争取到最大的优惠。"没过几天，酒店负责人打电话给艾伦，订购大批量工装。从此以后，这家酒店的负责人就与艾伦建立了长期合作的关系。

艾伦为何能够推销成功呢？原本，酒店负责人拒绝艾伦的推销，还把艾伦拒之门外。后来，艾伦采取迂回曲折的策略，以退为进，以向负责人请教为由，成功地把新款工装展示给负责人看。艾伦这么做基于两点：一则是艾伦对于新款工装的质量很有把握，相信新款工装能够得到负责人的认可；二则艾伦知道人都是好为人师的，也相信负责人不会拒绝她这个虚心好学的"学生"。就这样，艾伦成功地把工装拿给负责人看，虽然没有说任何推销的话，却以新款工装吸引了负责人。

使用以退为进的方法"俘虏"客户，营销人员要非常了解客户的购买心态，更要为客户提供最优质的产品，这样才能成功地吸引客户。以退为进的策略，对于同一个客户只能使用一次，因而要把握合适的时机再用，不要白白浪费好机会。在以退为进征服客户之前，要深入了解客户的真实想法，要根据谈判的进展情况，来决定是否使用。尤其需要注意的是，在采取以退为进的方法时，营销人员首先要做出让步。事例中，艾伦是采取以退为进的方式提出了更小的要求，从而得到向负责人展示产品的机会，可以说，艾伦的以退为进用在正式展开谈判之前。通常情况下，营销人员都会在谈判过程中采取以退为进的方法进行价格谈判。那么，就要在报价的时候给自己留出退让的空间，而不要把自己逼得退无可退。由此可见，随机地使用以退为进的方法并不能取得良好的效果，反而有可能把自己逼入绝境，为此，明智的营销人员会有预谋地使用以退为进的方法，这样才能最大限度地把进退都控制在合理范围内，也让自己占据更大的主动权。

具体而言，使用以退为进的策略时还要注意以下几点：首先，客户的耐心是有限的，对于客户提出的加价的要求，切勿频繁且重复，相应地，对于客户提出的降价要求，我们也要根据客户的购买心态做出合适的降价幅度。其次，面对客户的退步，销售员未必要给出同样幅度的让步，而是要给自己留一些利益空间，这样可以保证每次退步都能保全或者获得一些利益，如此一来，才能有效地推动谈判进行。总而言之，使用以退为进的销售策略，既要做足准备，也要随机应变，只有这样，才能最大限度地促使交易达成，并获得更多的利益。

面对客户的不情之请，学会说"不"

很多营销人员都不会智慧地拒绝客户。然而，在销售过程中，所有的客户都会与营销人员讨价还价，这种行为是完全符合客户的购买心理的，也是无法避免的。当客户说出一个低得离谱的价格时，营销人员如果不能向客户说"不"，就会让客户误以为这个价格是可以被接受的；营销人员如果生硬地向客户说"不"，又会打消客户的购买欲望，使客户转而选择其他的产品。由此可见，面对客户的不情之请，"不"是一定要说的，但是如何说、怎么说，是每个营销人员都要用心揣摩的。小小的一个"不"字，也许会对整个的销售过程产生影响，甚至起到决定性作用。越是如此，越是要慎重说"不"。

不同的客户有着截然不同的心态。有的客户在讨价还价时，能够给出一个合理的价格，而有的客户丝毫不顾及自己是个外行，总是对价格进行腰斩，甚至给出更低的价格。在这种情况下，营销人员即使很想促成交易，也不能本末倒置，切不要为了交易成功就无限度地降低自己的要求和标准，更不要对客户恼羞成怒甚至口不择言。拒绝，要讲究方式方法。很多人都觉得开口求人很难，实际上拒绝他人更难。在营销谈判中，营销人员要抓住各种机会，以合适的方式委婉地拒绝客户的不情之请。既要达到拒绝客户的目的，又要保护客户的自尊心，维护客户的面子，这样才能与客户之间建立良好的关系，也才能促使谈判顺利进行，达到交易的目的。

当然，拒绝客户是要讲究方式方法的。拒绝得当，客户还是客户，说不定还会更加认可营销人员的专业知识和水平，从而成为忠诚客户。拒绝不当，则会让客户恼羞成怒，再也不愿意与营销人员打交道，更不可能与营销人员成交。那么，需要掌握哪些拒绝的技巧，才能让拒绝更加委婉，也能被客户接受呢？诸如三明治拒绝法、额外补偿法、幽默法、顾左右而言他法等，都是很有效的拒绝方法，都可以帮助营销人员在保全客户颜面的情况下，合理委婉地拒绝客户。这种做法是有利于促使交易成功的。

作为一家大型连锁超市的采购负责人，老张是所有供货商心中的红人，他们都想与老张套近乎，也想从老张那里得到便利。然而，老张从来都是铁面无私，他把超市的利益看得大于一切。每当有新的合作伙伴，老张都会亲自去工厂考察，而且会想尽办法压低价格。

这一天，老张来到一家日化厂里参观，这家日化厂新推出了一款高档洗发水，想给超市供货。老张在参观流水线的时候，发现有一瓶洗发水居然没装满，少了三分之一，因而赶紧借机和工厂的厂长老刘压价。老刘当然知道在流水线上，不可能所有的洗发水都是灌装百分之百合格的，因而公司也有专门的质检员针对这些洗发水进行检查。但是，他显然没有办法去反驳老张，毕竟流水线上的产品出现问题，还是准合作伙伴发现的，这让他们非常被动。老刘灵机一动，给老张讲了个笑话："战争时期，美国的一家军工厂专门负责生产降落伞，虽然工厂里想尽办法降低次品率，但是，在每一万个降落伞中，还是会有一个降落伞出错。这可怎么办呢？他们思来想去，也没有找到解决的好办法。这个时候，军队里负责采购降落伞的人想出了一个好主意，即每次对于刚刚生产出来的降落伞进行质检时，都让工厂负责人用随机抽取的降落伞跳伞。这个要求一旦提出，工厂负责人马上把保证降落伞的质量提升到更高的重视水平，果然，降落伞的合格率达到了百分之百。"说完，老刘笑着对老张说："老张，不如这样吧，我们从开办工厂以来，还从未用过免费的洗发水呢，您如果订购这批洗发水，就把这瓶少了三分之一的洗发水送给我怎么样？我会和工厂负责人一起使用的。"听了老刘的话，老张忍不住哈哈大笑，说："这个解决办法倒是很特别啊！"在融洽的气氛中，他们相谈甚欢，最终达成了交易。

　　人的本能就是趋利避害，没有人愿意被任何形式攻击，哪怕是被语言攻击。作为营销人员固然成交心切，却不要总是逼着客户做出成交的决策，因为客户只有心甘情愿，真正接纳商品，才愿意购买。在促使客户做出购买决策时，营销人员如果不能把握好尺度，就会引起客户反感，使得客户彻底放弃购买。发挥幽默的魅力，可以把拒绝客户的话说得更加委婉动听，也可以打动客户的心，让客户忍不住哈哈大笑或者会心一笑，从而使得交谈的氛围更加和谐融洽，也能有效缓解现场紧张尴尬的气氛，使得沟通顺利进行，销售工作自然也会水到渠成。

　　除了使用幽默的方法营造轻松愉悦的沟通气氛之外，我们还可以使用三明治拒绝法。也许有朋友感到很奇怪，什么是三明治拒绝法呢？顾名思义，就是在拒绝客户之前，先认可客户所说的话，再对客户表示拒绝，然后再许诺等到时机成熟，会满足客户的需求。还记得小时候吃过的黄连素糖衣片吗？这种药就是用糖衣把非常苦涩的黄连素包裹起来，这样吃的时候就不觉得难以下咽了。所谓三明治拒绝法，正是这个道理。此外，额外补偿法，就是给予客户其他方面的补偿，帮助客户获得心理平衡；顾左右而言他法，则是对于客户的不情之请假装没听到，假装漫不经心地说起其他想说的话题。不管采取哪种方式拒绝客户，都要讲究方式方法，目的就是要追求最好的效果，切记不要本末倒置。只有适当、及时地拒绝客户的不情之请，我们才能如愿地奠定成交的基础，促使交易顺利达成。

多说"我们"，少说"我"

每一个推销失败的推销员，一定有他们失败的原因和理由；而每一个推销成功的推销员，则一定有他们的共同点，除了思维敏捷、洞察能力强、专业水平高之外，他们还有一个显著的特点，就是很擅长表达，既能表情达意，也能把话说得恰到好处。那么，营销人员在表达的时候，有什么技巧呢？细心的朋友们会发现，缺乏经验的营销人员说话的时候很喜欢强调"我"，他们张口闭口都在说"我"，经常以专业人士自居，自我主义思想浓厚，很少倾听客户，也很少关心客户真正需要的是什么。这样的营销人员即便不会给人留下狂妄自大的印象，也很难给客户留下好印象。与这一类的营销人员恰恰相反，有些营销人员特别具有亲和力，总是能够以最快的速度和客户拉近距离，赢得客户的信任，推动销售工作顺利进展。这是因为他们有一个小小的词语具有神奇的魔力：他们很少说"我"，尤其是在和客户沟通的时候，他们更愿意说"我们"。

仅从表面上来看，很多人都觉得"我"和"我们"不过是一字之差，没有太过明显的差别。而实际上，"我"和"我们"尽管只有一字之差，意义上却有天壤之别。"我"仅仅代表营销人员自己，当营销人员用"我"

作为主语进行表达时，则意味着他们所说的一切都指的是自己；"我们"代表的是营销人员和客户，当营销人员用"我们"作为主语来进行表达时，则指的是自己和客户，把自己和客户当成了一个整体。试想一下，如果你作为客户，那么你愿意被营销人员在言谈之间排斥在外吗？当然不愿意。当听到营销人员说"我"，你会觉得很刺耳，当听到营销人员说"我们"，你会觉得很入耳。作为营销人员，一定要注意这小小的区别，才能在和客户沟通的时候，更好地表达，从而把话说到客户的心里去，也成功地打动客户的心。所以，哪怕只是称谓的变化，也会很有效地调整说话的效果，让语言表达产生巨大的力量。恰到好处的称呼，是人际交往的助推器，能够最大限度地促进销售工作的开展。

有的时候，作为营销人员，面对的未必是单独的客户，有可能需要面对很多客户进行推销和演示。在这种情况下，营销人员如果总是说"我"，就更是会与客户之间拉开距离，变得生疏。面对客户群体，营销人员不管采取哪种推销方式，都要站在客户群体的角度去进行思考，真正做到设身处地为客户着想，尽量满足客户的需求，这样才能赢得客户的尊重、理解和信任。当你成功地打开客户的心扉，把话说到客户的心里时，销售工作自然会水到渠成。

作为一家装修公司的设计师，思瑶最重要的工作不是为客户设计方案，而是把自己和公司推销给客户，先签下订单。所以，思瑶在名义上是设计师，在客户真正决定与她所在的公司合作之前，她的主要工作是销售。当然，因为思瑶身兼双重职位，在未来也是客户装修的设计师，所以，她在销售的时候有很大的优势，即她可以和客户先初步交流设计方案，引导客户想象设计效果。这样一来，思瑶和客户之间的沟通显得非常重要，甚至公司能否与客户达成合作，在很大程度上取决于思瑶与客户的交流情况。

公司里有二十几名设计师，思瑶的业绩始终都名列前茅，很多客户都和思瑶成为朋友，这是为什么呢？原来，思瑶的亲和力很强，总是能和客户成为朋友。有一次，一个设计师的客户非常难缠，就让思瑶来负责维护这个客户。思瑶做好准备去见客户，这个设计师还提醒思瑶要小心应对客户，思瑶笑着说："客户又不是怪物，不需要提防，我只要真诚对待他们，他们也会真诚对待我的。"见到客户，思瑶在简单寒暄之后，便拿出设计图纸，对客户说："我们来看看设计图纸吧，我觉得您最终的目的是把房子装修好，所以，我们应该先看设计图纸，这样才能知道未来的装修效果。来吧，我们开动吧！"思瑶打开笔记本，和客户一起看装修的设计图，另外，她还做了简单的效果图给客户看。就这样，客户看得很满意，当对于一些装修细节产生疑惑时，客户还会及时问思瑶，思瑶都给予了耐心的解答。客户意识到，思瑶对于很多细节的设计都是从客户的角度出发的，因而对思瑶非常认可。

谈话进行到尾声，思瑶对客户说："我们要一起努力，把房子打造成最理想舒适的家。房子对于每个人都特别重要，尤其是对于我们普通人来说，也许辛辛苦苦大半辈子，就能买得起这样的一个家，因而一定要用心设计，用心装修。"客户由衷地对思瑶竖起大拇指，说："我也见过几个设计师，你是唯一一个把客户的需求当成自己的需求来进行巧妙构思的设计师。"思瑶很真诚地说："我们的目标是一致的。只有在共同目标的指引下，我们才能收获最完美的结果。"最终，思瑶得到了客户的信任，代表公司与客户顺利签约。

其实，不管是在商务谈判中，还是在人际交往中，那些经验丰富的营销人员都很擅长说"我们"，以此来拉近与客户之间的距离，也推动销售顺利进行。虽然"我们"和"我"相比，只是多了一个"们"，但实际上恰恰是这个"们"，让营销人员与客户成为一家人。在这个世界上，每个人都是独立的生命个体，也都是群体之中的一员，这就注定了每个人既要保持自己的个性，又要积极地融入团队之中，就像一滴水最终会汇聚入大海一样，在集体中发挥自身的力量。

有很多人都认为说"我们"还是说"我"，只是与语言表达的习惯有关，实际上，这样的认知太过粗浅了。经常说"我们"的人，心中有他人，所以，能在思考问题的时候把他人考虑在内，能在与他人沟通时常常把他人与自己相提并论，并作为整体来考量。相反，那些总是喜欢说"我"的人，习惯于以自我为中心，总是认为自己是最优秀的，最棒的，因而完全不把他人放在心里，渐渐地形成了唯我独尊的错误思想。

有一位心理学家曾经说过，语言是思想的外衣。语言表达上的不同不仅仅关系到表达习惯，而且关系到一个人内在的思想。尤其是作为营销人员，当对着客户说出"我们"时，一定会打动客户的心，与客户更加亲近。从这个意义上来说，"我们"也是一种套近乎的好方式，可以帮助营销人员消除与客户之间存在的陌生感、隔阂感，也可以达到推销的目的。总而言之，营销人员要多说"我们"少说"我"，才能推动销售顺利进行下去，从而促使销售最终获得成功。

营造适合谈判的氛围

在有助于谈判的氛围之中进行谈判，会很容易获得成功。在不利于谈判的氛围之中，谈判往往进展艰难，也很难获得好的结果。在销售工作中，任何谈判都需要合适的时间和环境作为助推剂，这样才能保证谈判顺利进行，也才能收获想要的结果。谈判，从本质上而言是参与谈判者之间的心理博弈引起的语言博弈，谈判结果会受到很多因素的影响，诸如谈判者当天的情绪状态、身体状况，以及谈判的时间、地点、氛围等。古人云，天时地利人和。实际上，要想获得谈判成功，也需要各个方面因素的综合作用。尤其是氛围，更是谈判中很多因素综合作用的呈现，受到谈判的时间和环境的影响很大。要想营造合适的谈判氛围，我们既要选择合适的谈判时间，还要选择最佳的谈判环境。

通常情况下，人们会把重要的谈判安排在上午。这是因为，人们在经过一整夜的休息，早晨起床之后洗漱，再补充能量后，整个上午都是精力饱满、思维清晰的。把重要的谈判安排在上午，销售员和客户都能够全身心地投入到谈判之中，对于很多问题的思考能力更强，解决能力也更强。当然，在上午进行谈判，双方都很清醒也很理性，为此谈判过程中可以解决很多问题，或者针对一些分歧进行深入地讨论，但是要想让对方让步，并不那么容易。在这个时间段进行的谈判，适合"真刀真枪"地谈，而不能打哈哈，更不要"和稀泥"。

有的时候，谈判在进行一个上午之后并没有结果，这就需要下午继续进行。在下午，人们的思维能力明显减弱，而且整个人看上去也会显得非常疲倦。因而下午的谈判最好不要以"唇枪舌战"为主，而是要以说明产品等为主。这样可以让对方感到放松，精神也不需要那么紧张。从心理学的角度来说，人在夜晚的时候思维能力最强。所以，很多职场人士都喜欢在夜晚到来的时候放松，吃饭喝酒唱歌，在推杯换盏、谈笑风生间，就能把问题解决了。固然，在这样愉悦氛围中交谈，是有助于推动谈判发展的，但是，如果你的酒量并不大，那么一定要小心被对方灌醉。在这种状态下，尽管可以口头上达成一些协议，却不要签字。一旦把口头约定白纸黑字落实到纸面上，就再也没有反悔的余地。另外，还可以以自己醉醺醺的状态为借口，谋取回旋的余地。

作为营销人员，有的人负责谈大买卖，所以会有很多经费和客户一起休闲娱乐，而有的人负责小买卖，根本没有活动经费。那么，哪里来的钱请客户吃饭呢？其实，未必只有在山珍海味的酒桌上才能与客户套近乎、谈生意。要想制造良好的谈判氛围，又要节省经费开销，还可以和客户共进午餐。通常，工作日都是很忙的，一起吃午餐，既可以趁着午饭的时间和客户沟通，还可以营造舒适放松的氛围，可以选择一家比较安静的小馆子，有些特色的，并不需要花费太多的钱，可谓一举数得。选对了时间和地点，有助于营造良好的沟通气氛，对于促进推销是很有好处的。

在这个陌生的城市里漂泊的刘倩，居然选择从事保险推销业务，这让父母很不理解：保险不是都要卖给熟人吗？没有亲戚朋友，怎么可能把保险推销出去呢？刘倩偏偏不信邪，在听说做销售是赚钱最快的工作之后，她打定主意要从销售开始做起，挖掘到人生中的第一桶金，让自己从灰姑娘来一场华丽的转身。

万事开头难。一开始，刘倩在小区里进行陌生拜访，后来发现在工作日，小区里的住户要么就是没人在家，要么就是只有老人和孩子，根本遇不到合适的推销对象。思来想去，她决定去写字楼碰碰运气。然而，工作日的职场人实在太忙了，根本没有时间听她说起各种保险，常常在她还没开口的时候，潜在客户就对她摆摆手表示拒绝。即使有些人能勉强抽出几分钟的时间听她说，也只是出于礼貌。如何才能有安静的半个小时，与潜在的客户之间进行沟通呢？刘倩查看了自己的钱包，发现只剩下三个月的生活费，她突然就做出了一个大胆的决定：请客户吃饭，必须在一个月之内就要开单。这可真是一个大胆的决定，请陌生的客户吃饭，效果能有多好呢？而且，她无从得知这些客户是准客户，还是压根不会购买保险的客户。她这样安慰自己：人人都需要意外险，哪怕只能推销出去一份一百元的意外险，也是很大的收获。接下来的日子里，她每天都会请客户吃午饭。大概有一个小时候的时间，她和客户吃着简餐，或者闲聊，或者说些关于保险的话题。其中不乏有些客户是蹭饭的，觉得她是销售员，就毫不客气地吃她请的饭，也有的客户会问她公司给多少钱请饭，每当这时，她就会轻描淡写地说："我自己掏腰包，没关系的，就是一顿快餐，也没有山珍海味。"客户渐渐地被她打动，一旦有了买保险的计划，第一个想起的就是她。才半个多月过去，她就如同预期的那样推销出去好几份意外险。后来，找她买保险的客户越来越多。

难道是因为客户缺这一顿饭，所以才对刘倩非常感激吗？当然不是。别说是因为这简单的一餐饭，就算是她请客户吃大餐，客户也未必会因此而购买保险。她之所以能够顺利地成交，根本原因在于她通过请客户吃饭，为自己争取到时间和机会与客户交谈。很多人一见到保险推销员就会非常反感，也生怕保险推销员会缠着自己不放。人在吃东西的时候心情是比较愉悦的，也会非常放松，刘倩恰恰是因为选择了合适的时间，也选择了合适的环境，所以才能营造出适合推销和谈判的氛围。自古以来，中国的饮食文化就源远流长，边吃边聊，在饭桌或者酒桌上，很多生意都在不知不觉间谈成了。

当然，营造适合谈判的氛围和环境，会受到很多方面因素的影响。很多人都会有这样的感触：同样的话，在特定的情境下说出来，能够起到很好的效果，反之，如果换一种情境下说出来，效果就大打折扣。这就是外部环境和交谈氛围的重要影响作用。作为销售人员，一定要善于利用环境，选择合适的时间，营造良好的氛围，从而促使谈判获得成功。

用好互惠心理，让客户主动让步

心理学领域有一个互惠心理定律，也被称为双赢定律。心理学家经过研究发现，大多数人都不愿意亏欠他人，这是人们本能的感情倾向。一旦发现自己受惠于人，人们就会产生心理压力，也因而想要尽快地回报他人，或者给他人同等价值的恩惠。唯有如此，才能消除内心的压力，也才能让自己与他人之间的关系继续保持平衡的状态。在谈判之中，如果能够用好互惠心理，营销人员就可以让客户产生亏欠的压力，也可以迫使客户主动地做出让步。显而易见，这可比逼着客户退让的效果要好得多。

英国大名鼎鼎的外交家萨道义著作了《外交实践指南》一书，在这本书里，作为谈判高手的他，提出在谈判的过程中，不但要运用智慧和策略，还要发挥能屈能伸的精神。作为谈判专家的他很清楚，每一场成功的谈判都不是建立在咄咄逼人的基础上，而是要建立在相互理解、相互体谅、相互谦让的基础上。营销人员在交易中属于卖方，在给买方报价的时候，就要留给买方讨价还价的余地。有些营销人员喜欢直接告诉客户底价，这将会直接导致交易失败。因为不管营销人员报的价格是高还是低，客户一定都会讨价还价。如果营销人员一口咬死所报的价格，不愿意做出任何让步，就会让客户感到非常郁闷，无法获得内心的平衡，更无法获得砍价的满足。所以，经验丰富的营销人员都会报出相对的高价，从而给客户还价的空间。当然，这并不意味着营销人员的报价越高越好。如果营销人员给出的价格过高，则就会给客户留下不好的印象，使客户觉得营销人员是在企图以高价骗人，失去对营销人员的信任，这样一来，营销人员就会非常被动。由此可见，营销人员报高价也要坚持合理的原则，给客户留下适度的砍价空间，而不要以过高的价格把客户吓跑了或者惹恼了。

在谈判过程中，即使营销人员报价时已经预留了讨价还价的余地，也并不意味着营销人员可以频繁地让价，或者说出底价。要想在谈判中占据主动地位，掌握主动权，营销人员就要控制好让价的频率和幅度。一旦被客户知道底线，客户很有可能更加压低价格，使得交易无法顺利达成。尤其是在第一次让价的时候，还要注意避免过快让步。每一次让步，都应该换取对方的让步。而如果主动过快让步，很快就会把自己逼入死角，从而无法起到预期的效果。换而言之，只有在觉得对方有可能做出让步的时候，我们才可以让步，从而促使对方主动让步。此外，过快的让价频率和过大的让步幅度，会让客户误以为我们很急于成交，也会借此机会故意压低我们的价格。

高明的营销人员都知道，每一次让步是为了让对方得到优惠，使对方产生压力，从而主动对我们做出让步。更为高明的营销人员，善于以退为进，看起来是在让步，实际上却是在某种意义上保护了自己的利益，维护了长远的合作，反而获得了很大的成功。当然，每一个营销人员都无法在刚刚从事销售工作时，就把互惠心理运用得炉火纯青，都是要在从事销售的过程中多多用心揣摩，多多积累经验，这样才能不断地提升和完善自我，提升销售谈判的技能与水平，从而促使销售工作进展顺利。

作为工厂里的谈判代表，老王这次的任务是去谈下代加工厂，为厂里的订单分担生产任务。既然是准备建立长期的合作关系，老王需要和代加工厂的张厂长敲定合作的细节，以及利润的分配，这样才能让合作更长久，也更愉快。虽然谈判没有硝烟，却是一场战争，双方都知道这次谈判将会决定未来很长一段时间里的合作事宜，因而都非常重视这次谈判，都想最大限度地维护自身的利益。

老王提出给对方十个点的利润,当然,老王知道这个利润是比较低的,毕竟对方需要负担人员的工资、设备的维护等。然而,老王更清楚对方一定会讨价还价,不会当即接受,所以,他故意把利润给得低一些,这样做就是为了后面有空间进行谈判和斡旋。果然,张厂长当即表示反对:"这不可能,这个利润这么低,我们别说是挣钱了,就连基本的运营和维护都做不到。我们认为,至少需要三十个点的利润。其实,你们只是起到了一个牵线搭桥和担保的作用,所有的活儿还是得我们来干,给我们三十个点的利润,你们一点儿也不亏,我们可以保证把活儿做得又好又细致。"老王暗暗想道:真是人精,看来又是一场唇枪舌战。接下来,老王针对利润的分成和张厂长展开了拉锯战。眼看着时机成熟,老王才说:"这样吧,我自作主张给你再加五个点,这是非常有诚意的,而且我所处的这个位置,也只有这么大的权力了。"看到老张真诚地做出了大幅度让步,对方虽然没有感到满意,不过对于老王还是很感激的,当即说:"老王,你这么义气,我也不能认怂。这样吧,我也往下让五个点,你们分给我们二十五个点的利润,如何?我真的是经过详细核算的,我必须活着吧,才能生产出产品,对吧?"第一个回合,双方平分秋色,老王主动让步,赢得了老张的主动让步,结果还算不错。

接下来,老王和老张谈话的氛围明显好转,硝烟味道减少了,多了几分融洽与和谐。又经过两轮相互让步,他们之间的差距还有三个点。这个时候,老王狠下心来说:"这样吧,我就自作主张了,我再给你让一个点,搞不好这一点就要让我负责,但是我不能让咱们之前为了谈判所做的努力全都付诸东流。老张啊,我真的已经拼尽全力了,接下来只能靠你了。"看到老王表现出一副英勇就义的样子,老张也很为难,他说:"这样吧,我向大老板申请下,你知道的,我也就是坐着这个位置,不是真正当家的。"老张走出会议室打了个电话,回来就答应了再降低两个百分点的利润。最终，他们以十八个点的利润达成了交易，皆大欢喜。

在这个事例中，老王在看到时机成熟之后，率先做出了让步，这样一来，就在谈判中占据主动。老王做出让步起到了很好的效果，带动了老张也主动做出让步，仅仅在第一轮，就把双方的巨大差距缩小了，从二十个点的利润差距，变成了十个点的利润差距。相信在经过这样的努力之后，他们都不愿意让谈判以失败而告终，毕竟工作是要以最终的成果作为评判的标准，因而老王和老张有着共同的心愿，那就是促成合作。在这样的共同目标之下，他们尽管都要维护各自的利益，却都能做出合理的让步，这样才能促使合作达成。

运用好让步心理，需要提前做好几个方面的准备。首先，要给自己留下让步的空间。如果是营销人员，就要报出稍高的价格；如果是客户，就要报出比预期的成交价更低的价格，这样才有让步的空间。其次，可以抛砖引玉。最好能够引导对方说出他们的真实需求，这样作为营销人员就可以做到知己知彼，百战不殆。再次，让步宁迟勿早。很多急性子的营销人员总是恨不得当即就达成交易，也因此而毫无保留地说出自己的底线，殊不知，客户的砍价欲望是很强大的。如果太过轻易地让客户知道营销人员的底价，只会使客户变得更贪婪，希望在最低的价格之上得到更大的利益，这样做的结果会让营销人员进到死胡同之中，无法斡旋。最后，每一次让步都要通观全局。不要因为一时冲动或者被对方的话激怒，就失去理性，无原则地让步。每一次让步，都应该具有切实的意义，既能够帮助我们维护自身的利益，也能够帮助我们迫使对方做出让步，这当然是更重要的。

此外，还要把握让步的频率，掌握好每次让步的幅度。如果在让步之后突然发现让步太大，或者超出了自己的权限，也没关系，因为口头谈判不是书面协议，是可以进行更改的。当然，如果是可以让步承受的，就要尽量信守承诺。因为每个人都愿意和一诺千金的人打交道，不喜欢和出尔反尔的人打交道。给对方留下诚信的印象，对于帮助我们达成交易将会产生很强大的推动力。

既然是谈判，就意味着谈判的各方在利益上具有冲突点，所以，才需要通过谈判来达成一致和共识。当看到对方为了维护自身的利益而寸步不让时，我们要理解对方的需求，从而本着真诚友善的原则与对方沟通。虽然参与谈判的各方都是为了给自己争取更大的利益，但是从整体上来说，合作是共赢的。只要以共赢为原则，谈判就更容易获得成功。在谈判中遇到问题时，我们也就能够采取更合理有效的方式解决问题。

灵活运用最后通牒，给客户施加压力

作为营销人员，固然要把客户当成上帝来对待，但也要以促成交易为最终目的，所以，这并不意味着营销人员在谈判过程中是处于被动的位置。营销人员不但要服务于客户，而且要有效地引导客户。有些客户性格急躁，面对商品，很快就会做出购买决策；而有些客户则性格内向，做任何事情都不急不躁，于是在看中商品之后，往往需要很长的时间进行决策。在这种情况下，营销人员就要采取适宜的方式给客户施加压力，促使客户做出购买决定，做出购买行为。

那么，营销人员如何才能促使客户做出购买行为呢？在与客户相处和沟通的过程中，营销人员根据对客户的了解，可以灵活地采取一些方法来帮助客户。在诸多方法中，最为有效的一个，就是最后通牒法。最后通牒法对客户的推动力很大，相当于直接告诉客户如果现在不买，就会彻底地错过这个机会，也会彻底失去商品。人的心态很微妙，对于轻易得来的东西，人们总是不知道珍惜，而对于费尽辛苦才得到的东西，人们通常会非常珍惜，也不舍得轻易地放弃。当客户意识到自己即将失去看中的商品时，他们会从之前总是挑剔商品、阻挠自己购买的心态，转化为寻找商品的优点、说服自己购买的心态，可想而知，在这样的状况下，客户会从被动地购买，转变为主动积极地购买，自然更容易做出决断。

在对客户进行最后通牒的时候，营销人员真的不会再给客户任何机会吗？当然不是。销售员很清楚，这或许真的是最后通牒，或许只是假的最后通牒，目的在于让客户产生紧迫感，加速购买行为。当然，为了起到以假乱真的效果，也为了让最后通牒的作用力更加强大，营销人员要想方设法把最后通牒说得更有力度。这样才能起到最佳的效果，才能促使客户真正做出购买决定。

作为一名房地产推销员，小雨有自己的杀手锏。与其他同事帮助客户置业总是花费很长的时间相比，小雨似乎天生就有着快刀斩乱麻的本领，总是能帮助客户快速决策。很多同事都对小雨的成交秘诀感兴趣，主管询问小雨："小雨，你愿意和同事们分享促单的秘诀吗？他们都很羡慕你总是轻轻松松就能搞定客户。"小雨说："当然，我很愿意分享。"在主管组织的经验交流会上，小雨坦诚地告诉同事们："我快速成交的秘诀就是给客户下最后通牒，会想出各种理由来为他们限定购买的期限。"听到小雨这么说，马上有同事表示异议："但是，如果过了限定期，客户还没有购买，而且商品的确还在，那岂不是彻底失灵了吗？"小雨笑起来："的确如此。所以，我们要在了解客户的基础上，也要确定客户的确已经看中了这套房子，而且还要进行前期的铺垫，最后才能在时机成熟的情况下，使用这个杀手锏。对于同一个客户，这个方法只能使用一次，所以必须慎重，才能保证效果。"接下来，小雨和大家分享了对一个客户使用最后通牒法达成交易的例子。

郝梦全是一个很胆小谨慎又十分多疑的人。据他的朋友说，他是被人骗过的，损失了很多钱，所以后来就很难相信别人。对于这样的客户，小雨并不敢催促，在与郝梦全进行沟通时，也总是本着实事求是的原则，从来不会随便说一些夸大其词的话。甚至于在推销一套性价比很高的房子给郝梦全时，小雨只说出房子七八分的好。在小雨的苦心经营下，郝梦全渐渐开始信任小雨，对于小雨用心推荐的房子，他也十分认可。没过多久，郝梦全就看中了一套房子，对于位置、价格、装修，他都非常满意。然而，郝梦全迟迟不能下定决心购买。每次小雨给他打电话，他都含糊其辞，说自己还需要考虑考虑。有一天中午，郝梦全主动给小雨打电话，询问关于房主的情况，小雨不由得窃喜：郝梦全要下定决心购买了！次日，小雨打电话给郝梦全，想趁机促使郝梦全下定决心购买，没想到郝梦全却说了另外一套房子：这套房子比小雨推荐给郝梦全的房子多十几个平方，居然只贵五万元。当时，房子的价格大概是一万三千块钱每平方米。谁都想花更少的钱买到更大的房子，郝梦全也不例外。但是，这套房子这么便宜，有没有什么问题呢？

小雨即使不问，也知道郝梦全心中的疑虑。他很清楚自己最大的优势就是已经和郝梦全相处过一段时间，而且已经赢得了郝梦全的信任。他四处打听，得知这套房源真的存在，但是不知道这套房源有没有问题。他决定对郝梦全下最后通牒，促使郝梦全购买此前看中的房子。一天中午，有其他同事的客户也去看了郝梦全此前看中的房子，借此机会，小雨火急火燎地给郝梦全打电话："郝先生，不好意思，打扰你午休了，不过我有个特别紧急的事情需要告诉你。你看中的那套房子，今天也有其他同事带着客户看了，客户还出价了。我是想，您遇到一套这么合适的房子不容易，而且，您已经看了这么久了，基本已经考虑成熟了，咱们可不能被别人捷足先登啊。那个客户和我的同事约定明天晚上来复看，你看，你有没有时间今天下午过来一趟交定金？我们公司的规矩是，哪个客户先交定金，就让哪个客户优先购买房子。"郝梦全听到小雨的话，也紧张起来，说："我今天下午走不开啊！"小雨说："没关系，你晚上过来更好，我可以在公司里等你。"就这样，郝梦全当天晚上就来交了定金，小雨成功地促成了这单交易。

最后通牒法就是给客户限定最后交易的时间，让客户产生急迫感。当然，一定要把握好时机，就像炖汤，必须火候到了，才能有鲜美的味道。否则，火候还不到，就采取最后通牒法，这样只会让客户感到销售员急功近利，从而怀疑销售员的动机，也失去对销售员的信任，结果只会得不偿失。

在这个事例中，小雨在催促郝梦全来交定金的时候，虽然限定郝梦全要在当天下午或者晚上来交定金，却也告诉郝梦全同事的客户要在次日晚上来复看，这就相当于给郝梦全留了更多的时间去思考和做决定。在谈判过程中，营销人员固然要多多引导客户，解答客户的疑问，消除客户的疑虑，却也要讲究方式方法，而不要一味地迁就客户，纵容客户。毕竟相比起客户，营销人员既是更加专业的，也是了解市场行情的，所以在必要的时候，营销人员要发挥自身的专业能力和水平，也要把握住千载难逢的好机会，恰到好处地促使客户做出购买的决策。

在谈判过程中，很多参与谈判的人都会在谈判进入白热化阶段之后，在关键时刻采取最后通牒法促使谈判对象做出决断。所谓夜长梦多，客户就算真的看中一款商品，随着时间的流逝，和各种想法的出现还是会发生改变的。既然如此，营销人员就要当机立断促使客户成交，不给客户反悔的机会，从而有效地提升成交率。

Part 7　刺激诱导：
做好营销，不得不知的捷径与技巧

做好营销，还是有很多技巧与捷径的。作为营销人员，既要努力提升自身的职业素养和专业水平，也要掌握这些技巧，在必要的情况下走一走捷径，会让销售的效果更好。这不是投机取巧，而是厚积薄发；这不是偷懒钻营，而是苦心经营。不管是黑猫还是白猫，只要能抓住老鼠的就是好猫。同样的道理，不管采取怎样的方式方法，只要是符合规则的、正当的方式方法，就是有效的方法，也就是值得提倡的，也是应该被积极采用的。

爆品营销：以爆品引爆全场的促销策略

一家新超市要开业，不可能为了吸引人气而都进行降价处理、赔本处理，毕竟开超市的目的是为了赚钱，为了盈利。不仅超市如此，商场、市场等也是如此。那么，如何才能在保证利益的基础上，进行适度让利，又最大限度地吸引人气呢？在如今的互联网时代，信息传播的速度非常快。摒弃了传统的口耳相传模式，通过网络进行的信息传递呈现倍数增长的趋势，信息传递与获取更快速、更有效率。这也就意味着，谁能最先抢占市场，谁就能抢占销售的先机；谁能吸引人气，谁的营销就成功地迈出了一大步。经常去超市采购的人会发现，不但新开张的超市会打造爆品，每当节假日等促销的日子到来时，就算是客流稳定的老超市也会打造爆品，只为吸引人气。以爆品引爆全场的促销策略效果非常好，是很多大型的商场、超市等都会采用的营销策略。

那么，什么是爆品营销呢？爆品营销，是在如今的互联网时代里应运而生的一种营销方式。爆品营销以客户需求和思维为导向，根据客户的关注热点来制订促销的策略。例如，超市进行爆品营销时，往往会选择以大多数家庭主妇都需要购买的日常用品为爆品；书店在进行爆品营销时，会选择大多数读者都很关注的书籍作为爆品。从形式上来说，这些爆品营销的方式还是存在一定的局限性和滞后性。更为先进的爆品营销，是在生产之前，也就是说企业会有针对性地生产可以作为爆品的产品，在产品诞生之前就将其定位为爆品。例如，华为的畅玩系列手机，大概一千多元，一经问世就是爆品。这是因为华为公司在研发畅玩系列手机时，就将其定位为爆品。事实证明，畅玩系列手机的销售非常火爆，得到了很多年轻人的喜爱和追捧。这样引领潮流的爆品营销，必须深入了解消费者的消费心理、购买需求，从而才能打造出真正的爆品。当然，从生产源头就开始的爆品营销，对于打造爆品的企业有很高的要求。那么，作为普通的营销人员，如何定位爆品营销呢？

要想打造爆品，就要认清爆品的品质。有人以为爆品是创造出来的，其实不然。爆品的本质与其说是创造，不如说是沉淀。真正的爆品是沉淀下来的，是洞察消费者的心理、感受消费者的情绪、熟悉消费者的行为习惯之后，真正做到以消费者为本，才能从浮躁的市场中了解消费者内心的需求，也才能找到能够触发消费者的点，这样才能真正地把普通的产品做成爆品，也才能让爆品瞬间风靡市场。

要想打造爆品，就要与客户发生感情的共鸣，产生感情上的联系。在诸多产品中，江小白的爆品营销策略非常成功。在白酒市场已经有着众多品牌的情况下，江小白之所以能够成为后起之秀，甚至大有赶超其他同等价位白酒品牌的趋势，就是因为江小白的与众不同的爆品特质。每一瓶江小白上都会有一些与众不同的语言。这些语言很简短，往往都是一句话，但是为人们描述了不同的场景，代表着不同的情绪。当习惯了千篇一律的酒瓶时，突然看到这样一瓶极具个性的酒瓶，你会怎么想呢？江小白还有不同规格的酒。例如，有小瓶装的，适合每个人一小瓶自由地饮，也有中瓶装的，适合三五好友小酌，还有大瓶装的，是"拾人饮"。不得不说，江小白带有浓厚的情绪，而情绪恰恰具有很强的传染性，会让原本彼此毫无关联的人，看到同样的一句话，产生了相似的心境。这样的情绪传递，恰恰是促使江小白成为爆品的重要原因之一。

要想打造爆品，还要策划热点事件，引起大众的广泛关注。当然，这样的热点不应该是猎奇，而是应该真正做到与众不同，这样才能具有独特的魅力。现如今，有很多人都喜欢蹭热度。却不曾发现所谓的蹭热度，并不能让我们的产品真正具有热度。只有让产品由内而外散发出魅力，赢得他人的关注，这样，才能保持吸引力，也才能成功地打造成爆品。

所谓的爆品，每个人的理解都是不同的。有人觉得爆品就是流行的产品。其实，爆品比流行的产品更加有张力，也更加富有吸引力，还有无穷的魅力。爆品的打造不仅仅要做到流行，还要做到深入人心，牵动人心，打动人心。作为营销人员，不要把产品看成是冷冰冰没有温度的东西，而是要把自己的感情灌注于产品之中，要意识到产品正是自己与客户交流和沟通的媒介，这样才能最大限度地打造好爆品。爆品的成功营销，需要很多因素的综合作用，也需要独具匠心、巧妙构思，这样才能让爆品更加火爆，也才能让爆品历经岁月的沉淀，成为真正永恒的经典。

提升产品区分度：引导客户挑剔消费品

一直以来，奥迪、奔驰、宝马在同级车的市场上竞争都非常激烈。奔驰和宝马为了从竞争中脱颖而出，为了在市场中抢占更大的份额，因此争先恐后地走车型多样化的路线，目的是为了增加车型区分度，让自己和同类竞争品牌区分开来，吸引消费者的关注。如今，奥迪在持续地发展之后，已经提升了自身的辨识度，也在市场中站稳了脚跟，所以接下来也要走车型多样化路线，摆脱套娃式的设计和生产风格。自从发布奥迪Q2之后，奥迪的车型更多。奥迪的首席执行官鲁波特·施泰德曾经说，"在新兴市场中，奥迪要想具有更高的辨识度，就要拥有统一的设计风格。但是奥迪现在已经在全世界的重要市场中树立了品牌形象，拥有了忠诚于品牌的客户，所以接下来要重点改变千篇一律的设计理念，让每款车都拥有与众不同的吸睛外观。"奥迪设计总监 Marc Lichte 很有信心，奥迪将会设计和生产出更具有吸引力的汽车，吸引消费者的关注，让消费者对奥迪更加忠诚。哪怕是作为奥迪这样在全世界范围内都享有品牌知名度的品牌，要想在激烈的市场竞争中立足，要想谋求更好的发展，也必须让自己区别于同类品牌和同级车型，争取得到更好的发展，更何况是其他普通的品牌，甚至是不知名的产品呢？

作为营销人员，如果对于自己所推销的产品很了解，很有把握，也相信自己的产品是可以打败市场的同类产品脱颖而出的，那么他们就希望客户是挑剔的，对于产品是有更高的标准和更严的要求。唯有如此，客户才能认识到优质产品的价值，而不会把很多不同的产品都一视同仁。换一个角度来说，为了成功营销，获得消费者的认可，作为营销人员，一定要引导客户挑剔产品，这样才能有效凸显出优质产品的优势。当然，这么做的前提是拥有优质的产品，能够不同于普通的产品，也拥有自身的优势和长处，具有绝对的竞争力。

这并不容易做到。需要在进行产品研发的时候，就提升产品的区分度，只有在对产品进行升级之后，处于销售前线的营销人员，才具备条件去引导客户挑剔产品。否则，如果产品本身就不过关，也不能在与同类产品的比较中脱颖而出，则就会失去挑剔客户的资本。日常生活中，很多父母都发现孩子吃嘛嘛香，这是因为孩子对于食物不那么挑剔，只要是吃好吃的，他们就会感到满足。也有的父母会发现，孩子对于食物特别挑剔，只愿意吃很少种类的食物，而对于大多数食物都不满意。这只能说明前者胃口好，而且也没有吃过特美味的食物，而后者或者胃口不好，或者经常吃很多美食，为此渐渐地对于家常的美食完全不放在心上，也不喜欢吃，这就是俗话说的把嘴巴养刁了。提升产品的区分度，引导客户挑剔产品，恰恰就是在培养客户的刁钻需求，从而让客户更加追求产品的品质，也更看重产品的与众不同之处。这样一来，客户要想满足自身的需求，就必须购买这种升级版本的产品，而不可能会对所有产品都感到十分满意，丝毫不加以挑剔。

那么，如何提高产品的区分度呢？产品有很多的因素，诸如包装、口味、价格等，都属于产品的区分因素。要想提升产品的区分度，就要从这些因素着手，从而把原本普通的产品变得与众不同，给客户留下深刻的印象。

作为一家奶制品厂，光达奶制品厂已经有二十多年的历史了。从鲜奶问世开始，他们就处于一线品牌的地位，这么多年来一直为忠诚的客户提供优质的奶制品。然而，随着时代的发展，奶制品行业的竞争越来越激烈，有一家刚成立不久的奶制品厂，不知道是什么来路，居然一直在砸钱，推出了好几条生产线的产品，而且价格很便宜。显而易见，这家新厂是想抢占奶制品的市场，想在短时间内快速提升在奶制品市场占有的份额。

此时，光达奶制品厂的一款新产品即将上线，这是光达用了一年多的时间研究出的乳酪酸奶。原本，光达想要隆重推出这款奶产品，却没想到半路杀出个程咬金，被这家新奶制品厂搅和了。面对这种情况，光达紧急召开高层会议，想在第一时间内制订对策。正当大家都七嘴八舌提出要降低价格抢占市场时，营销部的总裁说："我们是一家老品牌，有稳定的客户群体，我倒是觉得没有必要以低价策略和这家新厂抢占份额，不过，和他们同样定价是万万不可取的。既然如此，我们不如反其道而行，把这款乳酪酸奶定位为高端酸奶。这样一来，就可以从中端奶制品中脱颖而出，成为高端奶品市场的一匹黑马，打他们个措手不及。"虽然有几个人表示这样的定价策略太危险，也提出目前连中等价位的牛奶销量都已经受到影响，但是营销总裁坚持己见，确定这是最好的选择。后来，公司高层又几经商讨，最终决定提高百分之三十的原定价推出新款乳酪酸奶。结果出乎所有人的预料，这款乳酪酸奶的销量非常好。而且，又因为大力度的广告支持，这款乳酪酸奶很快成为高端酸奶的代表，得到了很多人的青睐。

乳酪酸奶的营销策略为何能获得成功呢？原因很简单，即通过调整价格，使其区分度得到提升，由此从竞争激烈的中端酸奶中脱颖而出，成为高端酸奶的代表。这样一来，有购买高端酸奶的客户，首选就是乳酪酸奶。虽然客户群体不那么多，但是满足了大部分客户的要求，抓住了大多数客户的心，营销效果是非常好的。

除了通过调整价格来增加产品的区分度，还可以采取不同形式的包装，从而满足客户的小偏好，赢得客户的忠诚。例如，百事可乐的瓶子就不同于其他饮料的瓶子，再如昆仑山矿泉水的瓶子也很独特，能够给客户留下深刻的印象。此外，还可以营造场景进行销售。记得有一款茅台酒就用了类似于电影大片的拍摄手法，让人在看到广告之初，还以为是在看一部古代大片的宣传片呢，有白衣翩翩的演员，有清脆的竹林，有极富民族色彩的音乐……这样的情境很容易激发出人们心灵深处的情感，也会意识到茅台是国酒的代表，是中华民族几千年智慧的结晶。这样的消费引导能够培养客户独特的消费需求，也能够间接地培养和提升客户的消费忠诚度。

很多营销人员不喜欢挑剔的客户，认为很难满足这类客户的需求。实际上，换一个角度来看，客户对于产品很挑剔不是一件坏事情，而是一件好事情。挑剔的客户尽管很难对产品满足，但是也有专注忠诚的特点，他们一旦发自内心地接受和认可一款产品，就会成为该产品的忠诚消费者。

高价策略：假装懊悔，抬高产品价格

企业在对产品进行定价时，会采取各种策略。有的企业为了占领市场，增加销量，会采取低价走量策略，使产品刚刚上市就销售火爆。也有的企业会采取高价撇脂策略。低价走量就是薄利多销，容易理解。那么，什么是高价撇脂策略呢？就是在对产品定位的时候，制订较高的价格，从而使产品具有较高的利润，这样就可以弥补销售不足导致的利润不足。这种定价策略的好处是，让产品在上市之初就能收回成本，而等到产品销售的后期，再降低价格，赚取利润。不得不说，企业在给产品定价的时候，不管采取哪种定价策略，都有自己的考量。实际上，决定产品销量的因素除了产品的定价之外，与营销人员的营销策略也是密切相关的。

有时候人的心态很奇怪且微妙，对于轻易得来的东西，常常不加珍惜。为此，营销人员在对客户展开销售的时候，不要轻易答应客户的砍价要求，否则，轻易给出客户理想的价格，非但不能促使客户成交，反而会导致客户对产品更加不加珍惜，而且对质量等产生怀疑。有很多经验丰富的营销人员，非但不会直接给客户降价，而且在出于各种原因告诉客户一个比较低的价格之后，还会采取补救措施，表示懊悔，从而抬高价格。只要能够灵活到位地运用这个技巧，就能促使客户做出购买决策。

在一家当铺里，摆放着一件狐狸皮毛的裘衣。这件衣服是掌柜的在半年前收来的。当时，掌柜的给了客户很大一笔钱，而客户也信誓旦旦地说自己很快就会来赎回衣服。然而，半年多的时间过去了，眼看着天气都变得暖和了，客户还是没有回来赎回裘衣。这件衣服占用了很多的资金，掌柜的非常郁闷，对伙计们说："谁能把这件裘衣卖出去，奖励十两银子。这件裘衣是我花了三百两银子收的，现在过去了半年，别说赚钱了，能把本钱收回来就行。"这个时候，有个小学徒说："掌柜的，要是卖得比三百两银子更高，还能有奖励吗？"掌柜的说："当然。多卖的钱，谁卖了，谁就拿到一半。"小学徒说："好嘞，掌柜的，我可把您的话记下了，我保证十天之内就把这件皮衣卖出去，而且价格只高不低。"大家都难以置信地看着小徒弟，掌柜的压根没把小徒弟的话当真。小徒弟又盯着掌柜的，说："掌柜的，不管什么时候，我问您这件裘衣多少钱，您都要回答我是五百两银子，一定要记住啊！"掌柜的不知道小徒弟的葫芦里卖的是什么药，但是在小徒弟的坚持下，他同意配合小徒弟。

过了几天，当铺里来了一位贵妇人。贵妇人刚刚走进当铺，就看到了这件裘衣，显然，她很喜欢这件裘衣。她问小徒弟："这件裘衣多少钱？"小徒弟回答："三百两银子。"贵妇人觉得有些贵，说："便宜些吧，我想买。"小徒弟假装听不清贵妇人的话，问："你说什么？大声点儿，我的耳朵不太好。"贵妇人又说："便宜点儿！"小徒弟说："我可做不了主，你等下，我问问掌柜的。"说完，小徒弟冲着掌柜的所在的方向喊道："掌柜的，这件裘衣最低多少钱能卖？"掌柜的正坐在里间算账呢，头也不抬地喊道："五百两银子。"贵妇人听得真真切切，正准备质问为何是五百两而不是三百两时，小徒弟说："三百两，少不了，你也听见掌柜的怎么说的了吧！"贵妇人面露窃喜，说："好吧，那就这个价吧。帮我包起来，我马上让仆人拿钱。"正在此时，掌柜的走过来，对小徒弟说："你可真是聋子，不是三百两，是五百两。"贵妇人马上不乐意了："小伙计告诉我是三百两，你们怎么还坐地涨价呢？"掌柜的很不好意思，解释道："他的耳朵不好使！"原本对是否购买裘衣还犹豫不决的贵妇人，此时赶紧说："就是三百两，我听得真真切切，你们可别反悔。"说完，贵妇人就让仆人送来三百两银子。然后迫不及待地拿着裘衣走了，小徒弟心中高兴着呢！原来，老板收购这件裘衣的本钱是一百八十两银子。

贵妇人以为小徒弟把掌柜的所说的五百两听成了三百两，实际上，这只是小徒弟采取的销售策略而已。小徒弟安排掌柜的说"五百两"，目的就是让贵妇人放弃讨价还价，而误以为自己能够以三百两银子买到这件裘衣是赚了大便宜。事实的确如此。在听到掌柜的说裘衣的价格是五百两之后，贵妇人无暇砍价，而是当即让仆人拿钱过来，付款，带着裘衣走人。不得不说，小徒弟的销售策略是非常高明的，他没有亲自抬价，而是假借耳聋，让掌柜的与他演双簧，抬高价格。在此之前，贵夫人还觉得三百两银子太贵呢，在此之后，贵妇人就觉得三百两银子真便宜，足足节省下来二百两银子。从心理学的角度而言，这也是利用了人们爱占小便宜的心理，才能促使贵妇人当即下定决心购买。

如果没有人演双簧，营销人员也可以假装懊悔，来一出独角戏。不过，一定要表现出非常懊悔的样子，才能让客户相信营销人员只是因为报错了价格，而商品的实际价格根本不是那么低。这样一来，既能促使客户下定决心购买，又能满足客户想赚便宜的心理，可谓一举数得。当然，对于同一个客户，这样的销售策略只能使用一次，否则就会失去效力，也会引起客户反感。在使用这个销售策略促使客户下定决心购买时，要把握合适的时机，才能起到更好的效果。总而言之，销售是技术，也是艺术，还是内心的较量和博弈。作为营销人员，一定要全方位地提升自我，增强自身的能力与水平，只有这样，才能把握客户的心态，让销售工作水到渠成。

饥饿营销：供不应求，才能让用户更加渴求

还记得苹果手机上市的时候，各个城市里的"果粉"们连夜排队准备抢购的情形吗？不得不说，苹果手机真的是把饥饿营销策略做到了极致，并获得了巨大的成功，这一点从有些果粉宁愿花高价从黄牛手里购买最新款苹果手机就能看出来。网络上曾经传言，有个年轻人为了购买到苹果手机，扬言要卖掉自身的一个重要器官。且不说买卖人体器官是犯法的，这种思想本身就是疯狂的，也让人无法理解。除了苹果手机本身的质量确实很好，功能强大之外，饥饿营销策略在这其中也起到了推波助澜的作用。

得不到的，就是最好的；轻易得到的，往往会顺手丢掉。饥饿营销策略正是抓住人们的这种心理特点，在供应商品的时候，采取限量供应的策略，让产品供不应求，从而制造出恐慌购买的气氛，促使消费者失去理性地去抢购，非常渴求得到限量的产品。从去年到今年，中国与美国之间的贸易战闹得满城风雨，正是在这样的情况下，华为公司成为美国的制裁对象。对此，华为公司有充分的准备，所以，比去年中兴公司被美国制裁时有了更强有力的表现。华为公司的最新款手机pro30，在国内的售价竟然比在国际市场上便宜了百分之五十左右，这让很多华粉都欢呼雀跃，大呼痛快，似乎所有人都跟着华为公司扬眉吐气了一把。在这个过程中，有很多"果粉"都转为"华粉"，坚决支持民族产业。

饥饿营销策略就是通过调节供求两端的量来影响终端的售价，达到加价的目的。从表面上看，饥饿营销策略的操作很简单，定个叫好叫座的惊

喜价，把潜在消费者吸引过来，然后限制供货量，造成供不应求的热销假象，从而提高售价，赚取利润。

从本质上来看，饥饿营销策略的原理是很深奥的，既要通过调高价格和限量供应的方式，吸引客户的关注，又要提升产品的品牌价值，提高产品的定位。在采取饥饿营销的策略来争夺市场的时候，要充分考虑三大因素：首先是市场的竞争激烈程度。如果产品在市场竞争中并没有不可取代的优势，很容易被其他产品取代，那么，采取饥饿营销的方式就是很冒险的。因为客户很有可能会因为无法及时购买到产品，而选择购买其他品牌的同类产品。其次，消费者的消费忠诚度要很高。如果消费者对品牌还没有形成消费忠诚度，并非一定要购买该品牌产品不可，那么，采取这样的营销策略无疑是搬起石头砸自己的脚，相当于把市场份额拱手让给了他人。最后，要考虑到产品的独特性，确定产品是不可替代的，是客户必须购买的。苹果手机每当上市都会采取饥饿营销策略，就是因为其对于产品很自信，也知道苹果手机对于大量的"果粉"而言是不可替代的。在采取饥饿营销策略的时候，厂家无疑占据主导地位，因此要有足够的资本，才能采取这种策略。

从市场定位的角度来说，饥饿营销策略并不适用于日常消耗品的营销，而是适合用在那些个体不会重复购买且个体价值较高的商品上，最重要的在于，品牌的产品已经形成一定的客户黏性，得到客户的认可和信任，也拥有客户的忠诚。在饥饿营销策略下，忠诚的客户如同在喝海水，越喝越渴。当然也要把握好合适的度，因为客户即使对于品牌产品很忠诚，也不可能任由厂家或者是营销人员无限度地使用饥饿营销的策略。如今的市场上竞争非常激烈，尤其是很多同类别的产品层出不穷，技术不断更新，所以，各种同类产品之间相差不大，具有很强的可替代性，这就提醒营销人员或者是生产商在进行饥饿营销时，一定要适时适度，才能起到最佳的效果。

在销售领域，除了苹果公司使用饥饿营销策略之外，很多地产开发商也会采用这种办法。为了让房产供不应求，他们采取每次限量开盘的方式，让更多的客户去哄抢房子，营造产品供销火爆的局面。当他们对饥饿营销策略运用得很熟练，也能保证效果，则可以有效地把产品炒得炙手可热，提升产品的价格，树立产品的品牌，可谓一举数得。

在进行饥饿营销策略之前，一定要确保产品本身是优质的，这样才能真正以产品来吸引客户。归根结底，成交的本质是产品，如果没有好的产品，只靠着销售的技巧，是无法让销售行为持久的。以优质的产品为基础，再加上到位的宣传造势，在正式开始销售前期，就会积蓄大量的客户，使得饥饿营销策略产生更强的效果。当然，销售过程中有很多的不确定因素，在与客户沟通的过程中，销售员要根据不同客户的个体情况，以及销售的进展情况，进行有效的调整，这样才能保证饥饿营销策略的效果，也可以避免过度使用饥饿营销策略带来的不良后果。

习惯模式：产品就是最好的营销，让客户形成习惯

当产品进入客户的习惯区间时，作为销售员几乎无需再为销售产品而费神，就像是客户已经购买了三十年缴费期的保险一样，在缴了第一期之后，下面只需要简单地做好维护工作，客户到了每年该缴费的日子，就会主动地缴纳保费。对于企业而言同样如此。当已经有过至少一次交易的客户习惯于消费公司的产品，那么，他们接下来要做的就是继续为客户提供优质的产品，方便客户购买和使用，同时把更主要的精力用于开发新客户。可想而知，在这样的良好模式下，企业的营业额必然会节节攀升，销售表现也会越来越好。

很多营销人员都想方设法针对客户展开营销，实际上，产品就是最好的营销。因为不管以怎样的方式营销，最终都要落实到产品上，只有在优质产品的支撑下，才能起到最好的营销效果。反之，如果没有优质的产品作为支撑，客户即便尝试购买产品，也无法做到对产品和品牌保持忠诚。

众所周知，习惯的力量是很强大的。在习惯的作用之下，人们会在无意识的状态下坚持购买和使用某种产品，也坚持做出特定的行为。习惯还具有很强的惯性作用，会让行为延续下去。在生活中，有很多人都习惯于做出那些曾经得到现实证明、的确行之有效的方法，这既可以帮助人们形成固定的行为模式，固化人们的行为，同时也让改变变得很难。任何方法都有两面性，既有积极的一面，也有消极的一面。作为销售员要发挥习惯的积极作用，消除习惯的消极作用，这样才能让习惯对于销售的开展发挥强大的影响力。

如果用户养成购买习惯，则即使不为用户提供外部诱因，用户也能积极主动地从事某种活动。用户既会主动自发地重复购买行为，也会表现出对品牌的信任，对产品的忠诚。在这种情况下，企业的广告，或者是销售员大力度的促销活动，主要起到吸引新用户的作用，同时也可以间接地强化老用户的购买行为。举个最简单的例子，在现代社会，科技改变了人们的生活，智能手机的出现，更是让人们随时随地可以上网。在排队的间隙，在等车的时候，在无聊的时候，人们情不自禁地就会拿出手机来打发时间，已经对手机的使用形成了习惯，也对手机产生了强烈的依赖性。

对于生产消耗品的企业和从事消耗品推销的营销人员而言，帮助客户养成这样的消费习惯，培养客户对于品牌的忠诚，就显得至关重要。习惯的养成，还能帮助用户提升对于产品的依赖性，降低用户对于产品价格的敏感度。举世闻名的投资人巴菲特曾经说过，衡量一个企业是否强大的重要因素之一，就是看这个企业在提价问题上做出了多少努力，经历了多少痛苦。毫无疑问，拥有大量已经养成消费习惯和使用习惯的客户的企业，无疑会在提价问题上有更大的主动性，也能够以提价这种方式为企业创造更多的利润和价值。当然，培养用户的消费和使用习惯并不容易。当客户对于品牌非常信任，对于产品非常依赖，也的确在使用产品的时候提升了生活的品质时，他们就更愿意继续购买和使用产品，与此同时，他们还会把产品分享给其他人，诸如家人、朋友、同事等。这样一来，他们就成为产品的最佳代言人和推广者，会为公司免费进行宣传，而且将会对其他人起到最强的说服作用。

作为营销人员，只是王婆卖瓜自卖自夸是无法让产品获得大幅度可持续性增长的，必须让用户形成习惯，从而才能让用户积极地参与销售过程。事实证明，那些能够吸引用户参与的营销人员，在激烈的市场竞争中，会具有很大的优势，也会从竞争之中脱颖而出。如今，商场里衍生出很多新名词，如人们形容销售额的快速增长为"病毒式增长"。众所周知，病毒的繁衍和传播速度是很快的，如果某个企业的用户以病毒增长的速度快速增长，可想而知这家企业的营业额也会水涨船高，企业自然发展和成长更快。那么，习惯与"病毒式增长"之间有什么关系呢？事实证明，用户越是依赖某种产品，越是高频率地使用某种产品，则"病毒式增长"的速度也就越快。戴维·斯科克原本是科技企业的经营者，后来转型为风险资本家，他认为促进企业发展速度的重要因素只有一个，就是病毒循环周期。所谓病毒循环周期，从本质上而言，指的是老用户需要花费多长时间才能邀请新用户，这个速度对于企业发展的影响非常大。循环越快，就意味着在特定的时间内，老用户能够邀请到的新用户越多。斯科克指出，在二十天的时间里，如果老用户邀请新用户的循环时间是两天，那么，在第二十天，用户的量会达到20470。看起来，这个数字已经非常理想，然而，如果老用户邀请新用户的循环周期是一天，那么，到了第二十天的时候，用户的数量将会超过2000万。从20470，到2000万，这样的裂变速度简直让人震惊。从理论的角度来说，老用户邀请新用户的循环周期越短，用户量的增长就会越快。遗憾的是，还是有很多企业和从事销售工作的人，都不曾意识到这其中的飞跃。

那么，如何缩短病毒循环周期呢？最为有效的办法，就是邀请客户到访，或者亲自去拜访客户，这将会使用户对于产品更了解，也能让用户在最短的时间内开始使用产品，形成消费和使用习惯。在病毒循环周期里，老用户相当于是基数，基数越大，也就意味着老用户通过口耳相传能够吸引的新用户数量越多。这个循环将会加快产品的推广，提升用户的参与度，快速增加用户的数量，从而使整个销售进入良性循环之中，产生强大的动力源。

对于任何企业、每一个营销人员而言，用户对产品的依赖，无疑是他们参与竞争的优势。当产品进入用户的习惯区间，则意味着用户购买和使用产品都不再需要外部驱动力，而是成为主动自发的行为，从而产生强大的内部驱动力。这样的竞争力无可比拟，是非常强大的，也是不可战胜的。很多企业希望能够通过推陈出新的方式，来让用户接受新产品，形成新的消费习惯。实际上，他们最终会为这样轻率的行为感到懊悔，因为他们一旦破坏了用户的老习惯，就会发现用户对于品牌的忠诚度也随之降低，他们很有可能在尝试着接受老品牌的新产品时，接受其他品牌的新产品。很多创新最终会失败，就是因为生产者过分高估了新产品，而用户却超乎生产者的想象，非常依赖原有的产品。这就意味着新产品要想在市场上赢得一席之地，只比老产品略胜一筹还远远不够，而是要以绝对的优势产生摧枯拉朽的力量，与此同时，还要符合用户已经形成的习惯，这样才能获得成功。

营销，绝不是大多数人所想的那么简单，也不是通过简单的售卖就能达成目标的。唯有深入了解消费者的心理，把握消费者的内心动向，才能把销售工作做得更好。真正的销售，始于成交，而不是终于成交。要想让消费者形成习惯，对产品更加依赖，在销售达成之际，我们就要展开更高形式的营销，从而争取起到最佳的营销效果。

上瘾模式：培养客户的消费成瘾行为

当你看到这个名词的时候，如果你此前从未接触过这个名词，那么，你会情不自禁地拿起智能手机，在手机上输入"上瘾模式"四个字。因为你不理解这四个字的含义，对你而言，这完全是一个陌生的名词，需要你去学习。其实，在你无意识地做出这些行为的同时，正意味着你已经开始上瘾，已经出现成瘾行为。在如今的时代里，网络如此发达，智能手机如此普及，还有几个人能够说自己丝毫没有手机瘾、网络瘾的呢？有统计数据表明，在使用智能手机的人之中，有大概80%的智能手机用户会在早晨起床之后的第一时间，拿起手机浏览。他们或者躺在床上浏览，或者会坐在马桶上浏览，总而言之，在不是特别赶时间的情况下，如果他们在清晨起床后不和手机亲密接触一番，就会觉得生活中少了些什么。还有那些每天都通勤的上班族，更是机不离手，在搭乘公共交通工具的时候，如果幸运地找到座位，他们会在屁股落座的第一时间就开始盯着手机屏幕。如果没有座位，即使站着，他们也会找一个身体的支撑点，然后专心致志地看手机。不得不说，大多数人都对手机依赖严重，还有一些特别依赖手机的人，宁愿没有性生活，也不愿意放下手机。如果有人能够在夜晚来临的时候观察每个家庭里的情况，那么就会看到大多数夫妻各自抱着手机聚精会神地看手机。手机是否在某种程度上让夫妻之间变得疏远，也拉低了婚姻的幸福感呢？

还有的研究机构证实，每个人每天至少要看三十多次手机，这还只是一个平均数而已。有的专业人士经过调查发现，很多人每天至少会看手机一百五十多次。一百五十多次，这是什么概念？按照每天工作十个小时来计算，每个小时要看十五次手机，也就是每隔不到五分钟，人们就会看一次手机。看到这个可怕的数据，你还不承认自己已经对手机上瘾了吗？即使没有上瘾的人，也被科技产品绑架。职场人士总是担心自己会错过邮件，因而时不时地就会看一看邮箱；无所事事的人几乎每时每刻都在盯着朋友圈，又或者在各种网页上浏览，原本只想花个几分钟放松一下，却一不小心就花费了半个多小时。手机和网络，以及其他的高度智能的电子产品，不知不觉间偷走了我们的时间。当耳畔再次响起那首熟悉的歌"时间都去哪儿"，不要感到迷惘和困惑，也不要觉得时间消失得没有痕迹，而是要意识到时间被浪费在了各种各样的电子产品上。

　　成瘾之前，我们先养成了习惯。在这个世界上，恐怕没有什么东西能像手机一样让这么多的人同时上瘾了吧！所谓习惯，从专业的角度而言，就是在情境的暗示下，无意识地做出某些行为，根本不需要有意识地思考或者促使自己去做。正是因为如此，习惯的力量才如此地强大和可怕，习惯正在改变我们的行为和生活模式。可是，我们对此竟然毫无觉察，甚至习以为常。与其说设计者是在设计产品，不如说设计者是在处心积虑地设计我们，而我们却毫不抵抗地就对设计者缴械投降。

　　那么，最初生产智能手机的公司，到底是如何凭着小小的手机屏幕上简简单单的几个字就改变我们的思维、习惯的呢？作为消费者的我们，原本使用产品是为了让生活更便利，又为何在不知不觉间被设计了呢？很多产品想让销量持续攀升，就必须能够帮助用户养成习惯，也让用户对产品更加依赖，这就要求他们必须坚持推陈出新，来让产品更新换代，来让产品始终吸引消费者的注意力。尤其是在如今市场竞争异常激烈的情况下，电子产品每时每刻都在发生改变，作为企业要想长久地生存，就必须绞尽脑汁、想方设法地来赢得用户的关注，满足用户的需求，从而赢得用户的心。现如今，越来越多的企业认清竞争的本质不是拥有多么庞大的用户群，而是能够让这些用户全都习惯且依赖于使用产品企业的产品。

众所周知，苹果手机有很多死忠粉，意思就是说这些人只用苹果手机。难道这是因为苹果手机真的很好用吗？产品的质量只是果粉们忠诚于苹果手机的原因之一，实际上时代发展到今天，手机的生产技术已经公开化、透明化，很多品牌的手机质量都很好。如果采访大多数苹果手机的用户，我们就会发现他们之中的大多数之所以忠诚于苹果手机，是因为他们习惯于使用苹果系统，因而不想再改变使用习惯，去费劲地学习如何使用安卓系统。当苹果手机的销售成为现象级的呈现时，原来根本的原因是因为行为成瘾。不得不说，苹果手机的生产和营销都是很成功的，所以才会在面对众多竞争对手的情况下，牢牢地吸引用户的关注，也让用户心甘情愿地购买苹果手机。

遗憾的是，在现实的商场上，各类同质化产品竞争异常激烈，有些企业已经意识到如何做才能收获客户的忠诚，有些企业却还在盲目地改进产品，迎合少部分客户的需求。作为电子产品，要想赢得客户的忠诚，就要推出能够深刻影响用户行为习惯的产品。这样一来，用户才会在缺乏外部诱因的情况下，心甘情愿地继续使用该产品。有些营销人员对此存在误解，觉得必须下大力度进行营销和推广，才能培养用户的习惯。实际上不然。加大推广和营销的力度，只能为产品吸引更多的新客户，而培养用户的习惯，则需要深入了解客户的行为习惯，甚至要洞察客户的心理动态和情感状态，这样才能在设计产品之初就考虑到培养用户的行为习惯。一切成瘾的行为都是在无意识状态下做出来的，客户几乎不需要思考，在遇到紧急情况的时候，他们一定会拿出手机企图联系外界的某个人或者某个机构。如今，有很多人都喜欢发朋友圈，不管是有开心的事情还是有伤心的事情，他们都会第一时间发朋友圈。为此，有些人指责他们是在炫耀，实际上他们只是在无意识状态下做出这样的行为，这表现为他们对于朋友圈这种社交媒体的依赖和成瘾。

产品之所以会成为用户的习惯，不是因为它们迎合了用户的习惯，而是因为它们造就了用户的习惯，是因为他们培养了用户的习惯。众所周知，习惯一旦养成是很难改变的。这意味着产品要想改变用户的习惯很难，相比之下，让用户从无到有形成与使用产品相关的习惯，反而更容易。在商业领域，习惯养成技术为越来越多的企业所熟知，而且，这些企业已经或者开始用习惯养成技术来改变人们的生活，重新塑造人们的生活。现在，世界上的大多数人都生活在网络中，如果没有网络，人们的生活将会面临很大的障碍，甚至无法正常继续下去。例如，人们非常依赖互联网，很多电子产品都已经与网络连接。近些年来，在家电生活领域，还兴起了智能互联。京东的创始人刘强东在北京的某些区域开始使用机器人送货，马云也在杭州开了无人超市，这些都是需要依靠网络才能实现的，同时他们也在切实改变着人们的生活。更进一步说，与其说现在是网络时代，不如说现在是大数据时代。数据的整合，使得研究变得更加深入，也使得产品的智能化程度越来越高。

　　在营销领域，如果说有终极武器，那不是产品的独特功能和良好品质，也不是价格的低廉，更不是消费者的喜好，而是消费者的习惯和成瘾行为。当这种习惯和成瘾行为带给人们更多的便利，也让高效率的生活成为可能，人们就不会有意识地去对抗，反而会很享受在这样的习惯模式中按部就班地生活。上瘾模式是如此"可怕"，科技改变生活最终是通过成瘾模式来实现的。生活在这个时代里，切勿小看每一个新生事物，也许在不久的将来，他们就会成为我们离不开的生活手段。当消费者的行为成瘾已经形成，还担心消费者的消费成瘾不能实现吗？忠诚于某种品牌的某一款产品，消费者就会主动自发地购买这款产品，甚至对于比较高的价格也能欣然接受，这是因为消费者觉得一切付出都是值得的。

多变的酬赏：满足客户需求，培养回头客

人们选择购买和坚持使用一款产品，最根本的目的在于这款产品能够满足他们的特定需要。尤其是在产品价格并不昂贵，可以为客户所承受，而且使用起来非常方便的情况下，即使产品是刚刚推出的，让客户感到很陌生，那么客户依然会愿意尝试使用该产品。然而，如果客户使用产品之后，并没有好的体验，那么，他们就会改用原来的产品，而不愿意花费金钱把新产品买回家，替换老产品。由此可见，要想让客户对于新产品念念不忘，并不是一件简单容易的事情，而是需要产品研发者深入挖掘客户的需求，也以满足客户的需求为己任。而作为营销人员，更是要大力把产品推销给客户，让客户接受和信任新产品，也愿意继续使用新产品，这才是最重要的。

如果你喜欢看电视购物节目，你会发现现在有些品牌的产品为了培养客户对产品的使用习惯和消费忠诚度，真是煞费苦心。例如，一款由明星刘仪伟做宣传的净水器，就可以免费试用十五天。净水器的价格并不贵，只需要两千多元，营销人员很有信心让客户在十五天的时间里爱上这款产品，所以才不怕大费周折地把产品寄给客户免费试用。真正至高境界的成功营销，是让客户信任某个品牌，依赖某个产品，也很习惯于使用这个产品。这样一来，客户与产品之间就会形成紧密的联系，这对于培养客户的产品消费忠诚度和产品使用习惯，都是有很大好处的。

从客户习惯于使用产品，到客户对产品忠诚，还需要有关键的一步，

即对客户进行酬赏。这样客户才会因为被满足了心理需求，而对产品怀有更大的兴趣、更强烈的使用欲望。为何客户会如此迷恋酬赏，并且因此而对产品更加忠诚，成为回头客呢？酬赏之所以具有这么大的魔力，是因为它能刺激人们大脑中的愉悦点。有心理学家经过研究发现，大多数能够让人上瘾的行为，都可以给人带来强烈的愉悦感，都是因为刺激到大脑中至关重要的区域引起的。也有心理学家提出，迫使人们采取切实行动的，并非是酬赏本身，而是人们渴望得到酬赏的需要。这份需要迫切想要得到满足，这一点从很多人对抓娃娃机的迷恋上可以得到验证。很多人都喜欢抓娃娃，其实他们知道抓娃娃机里的娃娃质量并不好，而且很难抓。如果用花费在抓娃娃机上的钱去购买娃娃，可以买到很多质量非常好的娃娃。即便如此，他们依然迷恋抓到娃娃时得到的喜悦。对客户进行酬赏，并不需要给予客户太多太重的酬赏，只要能够使客户相应的大脑区域得到满足，获得成就感，这一切就会令客户感到满足和喜悦的。

那么，何为多变的酬赏呢？究其原因，固定的酬赏渐渐地会失去对客户的吸引力，导致客户对于很多酬赏都无法感到满足和兴奋，这样一来，酬赏就失去了意义。客户要进行多变的酬赏，正是为了持续地给予客户刺激和满足，也是为了激励客户继续保持购买行为，直到养成购买习惯，对产品保持忠诚为止。

很多人误以为酬赏一定是物质上的，或者是金钱上的，其实不然。酬赏的方式有很多。心理学家经过研究发现，酬赏包括三种基本方式，第一种是社交酬赏，第二种是猎物酬赏，第三种是自我酬赏。无疑，抓娃娃机是猎物酬赏。有些父母为了激励孩子努力学习，会在孩子取得好成绩时，给予孩子金钱和物质的奖励，渐渐地，这样一成不变的、泛滥的酬赏方式，会使孩子们感到乏味，也会导致他们从依靠内部动机学习，转化为依靠效果短暂微弱的外部动机学习。明智的父母会给孩子提供更多的奖励方式，比如和孩子一起去看电影，带着孩子去旅游，或者满足孩子的一个心愿等，重点在于切勿本末倒置，更不要以外部动机取代孩子的内部动机，使得孩子失去学习的内部驱动力。只有让孩子发自内心地喜欢学习，热爱学习，才能对孩子的学习起到积极的推动作用。在此过程中，孩子渐渐地感受到自我酬赏的满足。例如，他们会更加主动地坚持某种行为，并从中获得成就感、满足感，这对于孩子而言是很重要的。也可以说，自我酬赏是三种酬赏方式中最高级别的酬赏方式，也是效果最好和最为持久的。

　　作为销售员，要想培养客户的消费习惯，培养客户对产品的忠诚，就要坚持给予客户多变的酬赏，也要引导客户从接受外部刺激和激励做出某种行为，到主动自发地做出某种行为，这对于满足客户的需求，培养客户成为回头客，是至关重要的。

Part 8 营销方式：
好的营销方式能最大限度提升吸引力

随着时代的发展，营销方式越来越多种多样。从传统的面对面营销，到如今人们之间即使不见面，甚至远隔重洋，也可以进行交易。这依赖于网络的发展，也依赖于营销方式的多样和高效。作为销售员，要想提高销售效率，就要让营销方式与时俱进。只有采取最适宜的营销方式，销售员才能最大限度提升销售的吸引力，也才能成功地把商品销售出去。

电话营销：不见面也能做成生意

在传统的营销模式中，卖方和买方是一定要见面的，而且还要拿出产品作为展示。为了谈一笔生意，销售员甚至要去很远的地方与客户见面，有的时候，因为受到各种因素的影响，见面还不那么顺利。如今，时代在发展，整个世界上的国家和地区基本上都建立了贸易关系，卖方和买方的合作方式也被彻底改变了：即使不见面，也可以达成交易，而且还不需要自己送货，只需要借助于快递公司的服务，就能准时快捷地把货物送给买方。看到这里，很多读者都会想到淘宝、天猫、京东、苏宁易购等电商。的确，电商颠覆了传统的销售与购物模式，其实，还有一种销售方式，比电商出现得更早，那就是电话营销。电话比网络出现和普及得更早，这就为改变传统的销售模式提供了便利。电话营销，使人们做生意在不见面的情况下成为可能，与此同时，也对电话营销的语言表达提出了更高的要求。

可想而知，在传统的销售模式下，买方与卖方只能见面洽谈，彼此之间经过当面沟通会有更深的了解，而当只能通过电话线来进行营销，也就意味着声音是唯一的信息传播媒介。营销人员如果不能通过声音和语言来赢得买方的信任，那就很难成功地把商品销售出去。这就意味着，在电话销售中，销售员必须提升语言表达的能力，增强语言表达的效果，才能让语言更好地传达信息，起到良好的沟通作用。

在小学二年级，我们在语文学习中都做过一项练习，叫作连词成句。

Part 8　营销方式：好的营销方式能最大限度提升吸引力

要想完成这项练习，就需要把散乱的词语按照一定的顺序连成顺畅的句子，使其能够表达一定的意思。很多孩子不喜欢这项练习，因为要想完成这项练习，不仅需要非常认真细致，还需要有逻辑性。然而，有少部分孩子很喜欢这项练习，因为他们在完成的过程中收获了自信，也获得了成就感，甚至有些孩子会尝试着把同样的一些词语进行不同的排序，发现不一样的乐趣，因为不同的排序使得句子的意思改变了。不得不说，语言是非常神奇的，能够表情达意，让人们之间进行思想的交流和融通。要想把话说得更好，就需要对语言进行修饰，从语法的角度来说，这叫修辞。修是修饰，辞是语言，所谓修辞就是修饰语言。只有把话说得恰到好处，才有助于推动电话销售顺利进行，也才能让在不见面的情况下达成交易成为可能。

　　通常来说，电话销售可以使用的修辞说法很多，例如比喻、衬托、排比等，表达的方式也多种多样，例如可以开门见山地直奔主题，也可以先铺垫再引入主题，还可以采取讲故事的方式娓娓道来。不管采取怎样的方式表达，也不管用怎样的修辞手法，目的只有一个，即让电话销售起到更好的效果。

　　作为电子公司的技术支持人员，小林的工作就是四处出差，为用户提供技术支持。每当公司有新系统上市，也就是小林最忙的时候。虽然是技术支持，但是有些营销人员遇到问题很多的客户，无法给出专业的解答，就会寻求技术人员的帮助。为此，小林常常自诩成为了半个销售人员。

　　有一天，小林又接到了前线营销人员的求助电话，只得同意营销人员把他的号码给客户。客户打来电话，在问了一些关于新系统的问题后，表现出担忧：如果新系统用起来很不方便怎么办？对于这个问题，隔着电话线很难回答，实际上如果面对面和客户沟通，小林只需要把系统如何使用演示给客户看就行。但是现在客户远在千里之外，小林灵机一动，对客户说：“如果您现在换了一个与旧手机不同品牌的手机，例如，您一直用的是苹果手机，现在开始用安卓手机，那么，您一定会觉得大概有一个星期的时间很别扭，用起来不顺手，但是，这并不至于让您感到无法使用，这个系统也是如此。毕竟对于您来说，它是新系统，肯定需要一段时间来适应，短则三两天，多则六七天，在这期间，我们也会为您提供技术支持，相信您会很快感受到这套系统的先进和便利。"这么说完之后，小林完全打消了客户的疑虑，客户很快决定订购这套操作系统。

小林毕竟是做技术支持的工程师，对于小林而言，也许很容易就能熟练使用这套系统。可对于用户来说，这套系统未必真的像手机一样容易学习和掌握，但小林正是通过这样的方式，打消了用户对这套系统的疑虑，从而下定决心订购这套系统。因为这样的比喻，让用户从对系统一无所知，到对系统有了初步的认识，也大概知道了新系统的学习难度。一个好的比喻，能够让客户在最短的时间内了解新系统，认知新系统，也能让客户对于使用新系统不那么抵触和畏惧。

作为营销人员，最终的目的就是说服客户，让客户购买，这无疑是从客户的口袋里掏钱。面对面地让客户掏钱尚且很难，更何况是通过打电话就想促使客户下定决心购买呢，更是难上加难。当然，有些行业里，电话销售是主要的销售方式，也就是说，销售就是以打电话的方式进行的。而有些行业里，还是把面对面的销售与电话销售结合起来，也许会在打电话之前或者在打电话之后和客户见面，从而让各种销售方式相辅相成，取得最好的销售效果。其实，不管是面对面销售，还是电话销售，都要求营销人员有良好的语言表达能力。而在面对面销售中，肢体语言、表情神态等，还能起到辅助的沟通作用。那么在电话销售中，就对于纯粹的语言表达提出了更高的要求。每一个营销人员都要通过语言与客户沟通，一定要多多练习语言表达，提升表达能力，才能在销售领域有更出色的表现。

Part 8　营销方式：好的营销方式能最大限度提升吸引力

网络营销：让用户用脚投票

顾名思义，网络营销是以互联网为主要的营销手段，达成营销目的的营销活动。网络营销是从20世纪90年代，随着互联网媒体的崛起而兴起的，它颠覆了传统的营销模式，改变了营销的方式方法，也形成了新的营销理念。通过进行网络营销的各种策划活动，真正开始实施营销活动，会让营销的模式变得更加有效。尤其是随着网络的发展，越来越多的人成为网民，因而网络营销的效果也更好。如今，有更多的企业在坚持进行传统营销方式的同时，双管齐下，也开始进行网络营销。实际上，网络营销不仅仅只是营销手段，还代表着网络时代里的新文化，更代表着媒体已经进入新的宣传和推广模式。近几年来，网络营销带给传统营销的影响和冲击很大，也从某种意义上改变了营销的模式和本质。

然而，网络营销并非像大多数人所想的那么简单，只是要把传统的广告投放到网络上。网络营销要求我们必须了解网络用户的特点，知道网络用户的购买模式，而且要深入了解网络思维，这样才能把网络营销做得更好。所谓互联网思维，就是口碑为王。在淘宝上有购物经历的人都知道，如今淘宝上的商家特别看重评价。有些商家看到客户已经签收商品，以各种方式鼓励客户给予商品好评。例如，在包裹里附一封信，或者是带有二维码的一张售后单，邀请客户进群，以好评截屏领取红包。也有些商家的客服人员，会在旺旺上邀请客户给予好评，希望客户能够支持他们的工作。这些努力，都是为了得到好评，建立口碑。而作为购买者，在网络上购买商品的时候，既看不到实物，也没法面对面地和营销人员沟通，因而更需要看曾经购买过的客户对商品的评价。

与现实生活中的口耳相传的营销方式相比，互联网口碑的作用力是非常强大的，传播速度也是特别快的。如果说以前靠着人工传播信息，结构是冗杂的，那么，如今靠着互联网传播信息，则模式是扁平化的，速度提升了成百上千倍。俗话说，好事不出门，坏事传千里。现在坐在家里对着互联网的电脑，不管是好事还是坏事，都能得知。商业营销从传统的信息不对称模式，到现代的信息对称模式，使得用户真的可以做到"用脚投票"。如今，再也不是"王婆卖瓜自卖自夸"的年代，在现代的信息模式与飞速的传播速度下，一个产品好不好，不是由生产的企业说了算，也不是由负责推销的营销人员说了算，而是由顾客说了算，由消费者说了算。消费者在购买产品之后，如果体验很糟糕，马上就会在后台更新对产品的评价。有的时候，商家说一百句自己的商品很好，也无法抵消消费者的一句负面评价带来的反面作用。反之，消费者的一句认可和赞赏，也会很大力度地说服其他消费者购买。前几年，网络暴力的现象很严重。每当有人有负面新闻传出来，马上就会被人肉搜索。近些年来，国家对于网络的监管越来越全面，力度也越来越大，所以网络的环境更为健康。但是，大多数人已经习惯了从网络上获取信息，还有很多人因为网络的便捷，学习到各种知识，因为他们很容易就会在第一时间分享生活中的点点滴滴。记得网络上有过一则笑话，说有个人去吃火锅，结果一口还没吃呢，手机掉到沸腾的火锅里了。为什么呢？就是因为他吃饭之前先掏出手机来拍照。虽然这对于当事人来说是件倒霉的事情，但是有很多人在看到这则新闻的时候都会会心一笑，因为他们也总是这样依赖手机进行分享生活啊！

那么，作为营销人员，怎么做才能成功地开展网络营销呢？

首先，既不要抵触和排斥网络营销，也不要单纯依赖网络营销。网络营销是企业营销战略的重要组成部分，既不是孤立的，也不是全部的。不管采取哪种形式的营销，最终的目的都是为了实现企业的经营目标。

其次，借助于网络遍及全球的特点，完全可以实现足不出户就把生意做到国外去。当营销人员很擅长利用网络拓展销路，就会从拥有眼前的很小的市场，到拥有遍布世界的广阔的市场。从本质上而言，网络营销与网上销售是不相同的。网上销售只是网络营销的一个阶段，而不是网络营销的方式方法与策略。坚持进行网络营销，要对产品或者产品所属的品牌进行深度曝光，从而加深网友们对于该产品、该品牌的了解和印象，为销售奠定基础。

再次，网络营销与电子商务不同。很多人都把网络营销等同于电子商务，实际上，网络营销和电子商务有本质的不同。电子商务是一个完整的销售过程，涵盖销售的各个环节，而网络营销是企业整体战略的组成部分之一。也可以说，电子商务也要进行网络营销，而网络营销并不像电子商务那样会构成整个的交易流程。网络营销更加侧重于宣传，起到传递信息的作用，而不能构成完成的销售过程。

当然，网络营销是大战略，是需要企业做出的战略部署，而不是仅凭营销人员就能够下好的一盘棋。要想让产品通过网络营销畅销，既要了解产品，了解用户，也要了解网络的特点。除了具备这些要素之外，网络营销还要求速度。网络上的各种信息非常多，而且瞬息万变。只有快，才能抓住时机，也只有快，才能抢占市场。因而，在网络上快速地建立良好的口碑，获得良好的广告效果，就能让网络营销获得很大的成功，对于营销起到极大的推动作用。

社群营销：建立口口相传的口碑

微商火爆了一段时间之后，社群营销登上了电子营销的网络舞台。那么，何为社群呢？一开始，人们对于朋友圈里的推销很热情，觉得都是熟人，总不会上当受骗，后来却发现所谓的微商就是杀熟。渐渐地，微商没有那么火了，接下来，社群营销隆重登场。其实，社群营销作为新生事物，是随着自媒体的发展而发展起来的。最初，开展社群营销的人用 QQ 来建群。例如，花生日记在推广的时候，主要就是通过 QQ 来和更多的人进行互动和沟通。后来，微信成为后起之秀，尤其是微信的时效性和便捷性都胜于 QQ，越来越多的人建立微信群。这让社群营销看到了巨大的商机。的确，在一个五百人的群里，不管是 QQ 群，还是微信群里，进行推广和销售，就相当于是在面对五百个家庭，甚至更多。因为有的时候在社群里看到特别便宜的东西，人们也会推荐给身边的家人、朋友、同事、同学等。从这个意义上来说，一个五百人的微信群，实际上可以辐射到六七百人，甚至上千人。

社群，就是由各种有或深或浅关系的人组建而成的，也许有的人之间彼此并不认识，但是他们有共同认识的人。基于这一点来考虑，社群营销具有小众化和圈层化的特征。在同一个群体里的人，往往有共同的兴趣爱好，甚至有共同的亚文化特征。这就决定了群里的人即使很陌生，也会因为各种原因而熟悉起来，尤其是会快速地熟悉这个群的核心和灵魂人物——群主。在同一个社群里，人们的需求能够得到满足，精神上也会产

Part 8 营销方式：好的营销方式能最大限度提升吸引力

生一些联系，因而会感到满足。看到这里，有人误以为在社群里，大家和群主之间的关系，就像是粉丝和明星之间的关系。其实，社群效应和粉丝效应截然不同。粉丝崇拜明星，是去中心化的，也就是每个人都崇拜明星；而社群效应中，大多数人都围绕在群主周围，受到群主很大的影响和吸引，是强调中心的。

显而易见，作为营销人员，既想建立以自己为中心的社群，还要牢牢吸引这些老客户、准客户、潜在客户，是很难的。这不但要求营销人员能够赢得大家的信任，也要求营销人员能够活跃群里的气氛，来吸引更多的人气。

玉姣在一家装修公司里当设计师，最近生意惨淡，她听表姐说做每日一淘能赚钱，就决定利用闲暇时间跟着表姐做每日一淘。在此之前，玉姣从未接触过每日一淘，表姐给她讲了好几次，她才明白每日一淘到底是怎么回事。看到自己不需要花费任何本钱，也不需要进货，就能靠着卖东西赚钱，玉姣感到很兴奋："我这是没花本钱就开了个超市吗？"表姐点点头："当然，如果你能维护好群里的人，那么你的这个超市销量将会非常可观。"一开始做，玉姣很发愁，因为她的朋友圈里人很少，全拉到一起，也就只能建一个三十多人的群。然而，在一天几次准点秒杀之后，玉姣居然赚了好几十块钱，这让她很激动，也更加有信心坚持下去。

利用周末的时间，玉姣进行地面推广，她准备了一些小礼物给孩子们玩，很快，就把好几个妈妈都拉入她的一淘群了。随着人气渐长，玉姣决定在群里进行促销活动。例如，她规定每个人只要下十单，就可以得到免费的一单，金额不超过二十元钱。其实，她是用卖货的返点来给大家发福利。她还规定，每天第一个来群里报到的，将会得到积分，等到积分越来越多，就可以换取礼品。有的时候，玉姣也会在群里发红包。有一次，有一个群友购买的生鲜商品变质了，她便主动拿出钱来垫付，就这样，虽然有些人与玉姣并不认识，但是随着每天在群里互动，与玉姣之间越来越熟悉。有些住得近的人，偶尔线下也会见面，便成为了真正的朋友。随着人气高涨，玉姣的一淘群销售额越来越高，甚至超过了玉姣全职工作的收入。

对于玉姣而言，她从对每日一淘很陌生，到掌握了经营每日一淘的诀窍，就是建立社群，线上和线下互动，开展社群营销，最终快速进步和成长，取得了很好的营销业绩。古人云，人以类聚，物以群分。所谓社群，其实已经对不同的人进行了简单的分类。如果销售员在进行社群营销的同时，也能够对社群进行精神文明的建设，那么效果一定会更好。

社群营销，随着自媒体的普及，随着网络把人与人之间的关系拉得更近，已经成为一种非常高效的营销方式。社群营销的出现，让销售员以小力量办大事，聚集更多的客户在一起，形成稳定的群体。当社群稳定后，那么在社群里的推广也会随之稳定，使得销售具有稳定增长和不断开创新高的特点。社群营销也是成本非常低的一种销售方式，借助于网络就可以起到很好的营销效果，还能在最短的时间内建立口碑。明智的销售员会把握现在的大好时机，大力发展社群营销，所创造的销售业绩，甚至远远超过单独门店的销售业绩。

参与感营销：提升客户参与度

参与感是网络营销的衍生物。要想把网络营销做得更好，我们就必须提升客户的参与度，这样才能让网络发挥更加强大的作用。互联网思维的

Part 8 营销方式：好的营销方式能最大限度提升吸引力

秘诀就是专注，要想在网络中稳准快地抓住重要的时机，就要集中所有的精神和注意力，提升速度，才能做到极致，才能建立好的口碑。在网络营销中，小米的网络营销堪称经典。小米作为后起之秀之所以能够有良好的发展，就是因为小米很擅长网络营销，也把口碑营销做到了最好。

口碑营销需要提升用户的参与度，这样才能让用户真正参与到营销之中，也才能让用户切实感受到产品的优势，做到对产品很熟悉、很认可，也愿意亲自去为产品做宣传。口碑营销有三个核心，就是产品、社会化媒体、用户关系。优质的产品是营销的发动机，也只有优质的产品，才能得到用户的认可。此外，社会化媒体是展开营销的加速器，尤其是如今借助于网络进行营销，更是让营销的速度加快，也让广告的力度增加。用户关系是网络营销的关系链，也是口碑营销建立的基础。有很多精明的营销人员会主动帮助用户之间建立联系，例如成立用户群，让用户在群里交流使用产品的心得等，不但已经购买的用户可以加入群，没有购买的用户和有购买意向而还没有下定决心购买的用户，也可以加群，这就是网络营销的魅力所在。在这样的强势营销之下，所产生的营销作用呈现出病毒式增长，作用力是非常强大的。

小米的第一个项目MIUI启动的时候，雷总就要求负责该项目的负责人黎万强不花一分钱，做到拥有百万用户。对于大多数人而言，这是一个无法完成的挑战。然而，黎万强做到了，他的方法就是抓口碑。在大多数品牌企业都投入大量资金用于广告的情况下，黎万强没有花钱做广告，而是努力做好产品和服务，最终他们不但建立了好口碑，而且得到了客户的主动推荐，最终获得了成功。从只拥有一百个核心用户，到很快拥有五十万的发烧友用户，再到后来拥有百万用户，MIUI的成功是谁都能看到的，也是谁都忍不住竖起大拇指的。要想快，就要抓住核心点，就要做好产品和服务，就要让用户参与。

一直以来，很多企业都不知道用户和企业之间应该维持怎样的关系，才是最理想的关系。这不但是企业需要思考的问题，更是营销人员需要思考的问题。用户没有义务为产品做宣传，这就意味着他们做出的每一种宣传行为，都要是主动自发的。那么，企业和营销人员只能依靠产品和服务去打动用户。人与人之间只有相互信任，才能建立社交网络，才能主动交换信息，进行信息的传递。企业与用户之间最好的关系是相互信任，这样才能促使用户对产品口耳相传，利用网络积极地分享产品。从传统的意义上看，很多企业都信奉客户是上帝，恨不得跪着为客户服务。而在如今的网络营销背景下，企业即使真的给用户下跪，但是没有为用户提供优质的产品与服务，也无法与用户之间建立良好的关系。当然，反过来看也是不好的，那就是让用户给企业下跪，求着企业，在如今激烈的市场竞争中，这样的关系显然不可能存在，或者即便存在也只是昙花一现，无法长远。企业与用户之间应该成为朋友，因为在共同利益的驱使下，朋友之间的关系是最理想、最友善的，也是最包容的。做企业就像是做人，做营销更是要先把自己推销给用户，赢得用户的信任，接下来才有可能把产品推销给用户，与用户建立良好牢固的关系。

在网络营销、口碑营销和参与度营销之中，小米都获得了很大的成功。小米不但与员工成为朋友，让员工成为企业的用户，而且让员工的亲朋好友也变成企业的用户，并且与员工的亲朋好友都成为朋友。小米要求每一个员工都兼任"客服"，也就是"全员客服"。这样一来，每一个员工都积极地参与工作中，并且积极地宣传公司的产品。虽然一个人的力量是有限的，但是当一个人裂变成很多人，而很多人都裂变成更多人时，这样的辐射力量是很可怕的。小米坚持开放做产品，做服务，让用户积极地参与进入产品的生产过程之中，这样一来，小米就像是在和用户一起玩。小米提升用户参与度并不是靠着传统的做调研或者举办看似高大上的发布会，而是提供网络平台，和用户一起玩转产品，也和用户一起讨论产品。在此过程中，他们可以搜集到用户最真实的反馈，也能够如同春雨润

Part 8　营销方式：好的营销方式能最大限度提升吸引力

物细无声一般向用户渗透产品，以用户乐于接受的方式，针对用户进行产品传播。这么看来，从给用户下跪，到让用户下跪，再到和用户手拉手做朋友，企业推销的不再是产品，投入的也不是花费大量资金的广告，而是能够通过深入互动的方式，把参与感卖给客户，也更加用心地了解用户的需求，满足用户的需求，甚至，还根据用户的需求来设计新产品。可以想象，这样一家企业当然会赢得客户的忠诚与支持。正是因为如此，才有那么多的米粉对小米忠心耿耿，不离不弃，因为小米是他们自己的小米。

　　在商品匮乏的年代，人们更注重商品的功能。而在如今，人们更看重商品的品牌，在某种意义上，品牌代表着商品的品质很稳定，代表着商品的功能更加齐全和先进，也可以给人们带来更好的消费体验。为了让用户更加深入地体验商品的功能，企业就必须提升用户对产品的参与度，从而让用户亲身体验商品，也感受到商品的独特和与众不同。当然，让用户参与商品，并不是那么简单容易就能做到的。企业要想快速构建用户的参与感，就必须开放生产的整个过程，把产品、服务、品牌与销售，全都向着用户开放，从而让用户参与品牌的打造与成长。这样一来，用户对待品牌和产品的感情就变了，也会更加忠诚于产品和品牌。在这样的情况下，打造爆品，将会变得更加容易，也会更加卓有成效。

　　参与感营销让企业和用户之间建立紧密的联系，对于帮助企业培养忠诚的用户，帮助企业建立口碑，都大有裨益。作为企业，作为营销人员，一定要把提升用户的参与度作为首要的目标去实现，这样才能牢牢锁住老用户，不断开发新用户，从而让企业的生产与经营进入良性循环之中。

自媒体营销：经营好自己的"一亩三分地"

自媒体营销也叫社会化营销，指的是利用各种新兴的网络媒体，进行营销的活动。和传统的营销借助于各种媒体，诸如电视广告、报纸广告等不同，自媒体营销主要依靠自己经营的网络上的"一亩三分地"。自媒体营销的方式有很多，如前些年兴起的微博，如今兴起朋友圈、公众号等，也有一些媒体会开放一些网络区域，从而让擅长网络的人潜水、灌水等。自媒体营销同样可以维持公共关系，也能开拓客户，是如今非常流行的营销方式。不但个人会使用自媒体方式进行营销，很多公司、企业也会以自媒体方式进行营销。例如，开公众号，成立专门负责售后服务的微信号，成立各种群等，只要坚持用心经营，就能取得良好的效果。

在网络营销领域中，自媒体更像是一个综合站点。站点的内容由用户提供，而服务商给用户提供大平台，对于用户的网站内容不做太多干涉，只要用户发布的内容符合网络的规则就行。在以往的广告模式中，不管是企业还是个人，要想大量投放广告，就需要花费很多的资金。但是在自媒体时代，作为自媒体的维护者随时随地都可以发布各种信息，每时每刻都处于营销状态，还可以利用各种通讯方式与客户进行互动。在自媒体平台，营销者与用户之间的沟通往往以文字的方式进行，这让沟通更加平和，也会起到良好的效果。作为维护者，还要对营销过程进行监督与管理，也可以有选择性地与用户进行无关销售的交流，构建良好的关系，融洽沟通的氛围。众所周知，销售首先要把自己推销出去。那么，自媒体营销在维护的整个过程中，都会更加侧重于与用户之间建立关系，保持联络。

人们要想更好地生存，就要经营好自己的一亩三分地，每天天不亮起床去地里干活，天黑了才能收工回到家里，而地里的收成并非全是由自己的努力和勤奋所决定的，会受到天时地利的影响。每一个经营自媒体的人也有自己的一亩三分地，只不过农民的土地是土地，而自媒体的土地则是网络的某些区域。尽管区域是特定的，但是影响力却可以很大，因为网络其实是没有界限的。当我们花费在自媒体上的时间和精力越多，也就意味着自媒体的作用和效果更好。当然，经营自媒体并非像我们所想的那么容易，有些人的个人公众号每个月仅仅广告费的收入就很可观，而有些人的公众号永远只有最初开通的时候拥有的很少的粉丝。有些人的微博能吸引很多客户，但是，有些人的微博却连个访客都没有。这就像农村的土地，通过观察土地里植物生长和收获的情况，就可以知道这块土地的主人是勤奋还是懒惰。同样的，看到自媒体的粉丝数量和影响力，就能知道自媒体的维护者花了多少时间和心思在自媒体上。

如何才能经营好自媒体呢？有些自媒体维护者想要依靠自动化操作来维护自媒体的运营，实际上，这是很不可靠的方式。如今的网络媒体呈现出多元化的特点，爆发式的发展，作为自媒体如果不能吸引粉丝的关注，则营销的效果会很差。在开通自媒体之后，前期粉丝会很少，要想吸引更多的粉丝，让粉丝数量呈现正增长，就要坚持优质输出。对于经营自媒体而言，这是最难的。很多人在做自媒体之前，都觉得每天坚持写一篇文章，或者发一些有质量的转载的文章并不是难事。然而，等到真正开通自媒体号后，他们就会感到很难坚持。也许一开始凭着新鲜劲头，他们每天都能坚持发一篇高质量的文章，但是随着时间的流逝，他们的热情渐渐消退，从每天优质更新，到隔一天更新，再到隔几天更新，这使自媒体渐渐地进入荒废的状态，再也难以呈现一派繁荣的景象。

坚持优质输出，说起来很容易，真正坚持做到却很难。做自媒体，还要有繁荣的景象，在坚持优质输出的时候，也没有必要总是三句话不离本行，尤其是作为营销人员，切勿总是向粉丝推销。推销商品的前提，是要把自己推销出去，而推销自己，则是要展现出个人魅力。有很多擅长沟通的人都知道，未必要开门见山才能起到最好的沟通效果，而是可以先进行无关紧要的寒暄。看起来，寒暄没有太重要的意义，实际上寒暄可以拉近人与人之间的距离，也可以铺垫人与人之间的感情，让切入正题的时候更顺利。总而言之，不要觉得寒暄是毫无用处的，也不要觉得在自媒体上发一些更有趣的内容是白费力气。你把时间花在哪里，哪里就会开花，你把心思用在哪里，哪里就会有收获。

要想经营好自媒体，就要拥有吸引力，牢牢地吸引老粉丝，再开发出新粉丝，最重要的是在潜移默化中转化客户。做自媒体是一个长期的过程，切勿急功近利，而是要把心静下来，坚持做好自己该做的事情，让时光在努力中绽放。

短视频营销：消费者的现身说法最具影响力

如果你是一名"淘客"，你就会发现，在如今淘宝销售之中出现了一个新的行业，即直播室。所谓直播室，就是主持人会亲自购买某一种商品，在镜头之下打开，如果是衣服，就穿上去呈现效果；如果是食物，就打开亲自品尝；如果是使用的某种东西，就当场使用。以往，人们在淘宝上购买东西，很喜欢看已经购买客户的评论，现在，人们更愿意看直播间。因此就兴起了这样一个行业，即作为直播间的主持人，专门吸引粉丝，然后在直播间里分享各种商品。这样的直观展示，会让观众更加了解商品，也对商品产生更大的兴趣，因而有效地促使观众购买。如此听来，是不是有些类似于电视购物呢？的确，直播间和电视购物有异曲同工之妙，但是直播间的方式更为灵活，而且成本也更低，比起电视购物有更强的可操作性。

那么，到底什么是短视频呢？所谓短视频，突出一个"短"字，视频的时间很短，以秒计时，并且短视频的拍摄和剪辑都是依靠移动智能终端，因而操作起来也非常简便。短视频最大的优势在于，在拍摄的同时就可以实时上传，从而实现把正在发生的事情与社交媒体平台无缝对接。和无声的文字相比，短视频是有声音的，和音频相比，短视频是有图像的，因而短视频比文字和音频的吸引力都更大，使用户得到更加立体化的信息和呈现。又因为如今处于快餐时代，很多东西都追求快，短视频正是资讯的快餐，成为了现代文化中不可或缺的重要组成部分。

尽管短视频最大的特点就是"短"，但是"短"只是短视频的表现，而不是短视频的核心和灵魂。归根结底，内容才是短视频的核心，也是短视频的魅力源泉。一个短视频如果没有好的内容，就会失去吸引力。如今，随着短视频营销概念的提出，以及短视频营销成功的案例越来越多，很多企业都越来越重视短视频营销，也有一些企业抢先一步，开始做短视频自媒体。短视频的直观、灵活都使其具有传统营销模式所不具备的吸引力。短小精悍、灵活生动，也使得短视频得到消费者的喜爱。

当然，除了直播间等方式之外，营销人员还可以采取更加灵活的方式进行短视频营销。例如，给老客户录制短视频，让老客户把对产品的使用心得和评价等，都以视频的方式呈现出来。乍听起来，觉得这么做好像是很麻烦的，实际上，这么做有很多好处。首先，在联系老客户录制视频的时候，可以增强与老客户的联系，维持好与老客户的关系；其次，对于新客户而言，这样的视频更加具有说服力，比企业或者销售人员录制的其他视频更有参考的意义和价值；最后，还可以借此机会把老客户与新客户联系起来，建立群，让新老客户有机会进行沟通，这对于推动销售是很有效的。

作为一家净水器的销售员，莹莹的销售业绩始终很高，在公司里名列前茅。每年年会，莹莹都以金牌销售的身份去领奖，并发表获奖感言。这次年会，就在莹莹领完奖发完言准备走下台的时候，老总提议："我很荣幸我们的公司里有这么优秀的营销员，莹莹，我建议你可以和大家分享销售的秘诀，相信大家一定会很积极地学习，也会感谢你的分享。"既然老总都当着所有人的面这么说了，莹莹当然也要表现得大度和乐于分享，她笑着说："其实没有什么秘诀，只是觉得每个人都有自己的销售方法，不敢对其他同事妄加指点。"接下来，莹莹分享了她的销售秘诀。原来，莹莹在几年的工作之中，积累了大量的老客户，也结识了大量的新客户。为了促进新客户了解产品，莹莹每隔一段时间就会去拜访老客户，给老客户录制视频，也会对老客户使用产品的情况进行录制，并且将视频发布到群里。这样一来，新客户原本对产品不那么感兴趣，也会忍不住问一些关于产品的情况，那么莹莹就会借此机会向新客户介绍产品。这样一来，群里的新老客户相互沟通，彼此之间越来越熟悉，与此同时，在老客户的带动下，新客户对于产品也熟悉起来。在这样的社群和短视频营销模式下，莹莹的销售工作做得很到位，而且也很轻松，也有更多的时间去发掘潜在客户，也由此使得销售进行良性循环模式。

在这个事例中，盈盈开创性地使用短视频营销的模式，帮助新老客户之间建立良好的关系，也提供给他们沟通和互动的平台。所以，才能借助老客户促进和带动新客户成交，使得整个销售进展更加顺利。这是一个良性的循环过程。也许在前期构建的时候会花费很多的时间和精力，但是一旦模式稳定下来，就可以帮助营销人员节省出更多的时间和精力开拓新的潜在客户，从而让客户群体越来越庞大。

短视频营销的方式有很多，既可以在直播间里对随机关注的客户进行营销，也可以在建立的群里通过短视频营销的方式传递信息，还可以针对某个特定的客户发送短视频，帮助客户答疑解惑，促使客户下定决心购买。总而言之，短视频是更加短小精悍和生动灵活的营销方式，比起传统的营销方式有很大的优势。作为营销人员，要多多学习这种新的营销模式，也要最大程度利用好短视频，为销售工作增加助力。

Part 9　售后服务：
不要让成功的销售成为"一锤子"买卖

真正的销售从来都不是"一锤子"买卖。高明的营销人员更不是以签约为终止的，而是以签约为开始的，真正地服务于客户，也培养客户的忠诚度。否则，如果在签约之后，当即就把对客户的承诺抛之脑后，甚至于对待客户的态度也从此前的热情到后来的冷漠，那么，这样的销售就会成为"一锤子"买卖，作为营销人员也根本不可能得到客户的信任。

营销工作，从来都不是"一锤子"买卖

很多细心的营销人员会发现，那些非常优秀的营销人员，签约总是很容易，而且他们的客户似乎源源不断，总是会有老客户介绍的新客户。这是为什么呢？究其原因，不是因为这些营销人员能力多么强，或者魅力多么大，而是因为他们很看重在签约之后，更加用心地服务客户。和这些有超强服务意识的营销人员相比，大多数营销人员都会进入一个误区，即觉得自己与客户之间就是简单的买卖关系，营销人员提供产品，客户出钱，等到交易达成，货款两清，有些愚蠢的营销人员甚至会把客户从联系人的名单中删除。有朝一日，即使客户因为认可营销人员的工作，想要再次通过营销人员购买产品，或者要介绍亲朋好友通过营销人员购买产品，都不可能做到。如今，很多人都喜欢使用微信，如果客户在给你发微信的时候，看到的信息是自己已经不在你的好友名单内，客户会有怎样的感受呢？明智的营销人员会长期维护客户，与客户保持联络，每逢节假日的时候，都要问候客户，或者赠送给客户一些贴心的小礼物。做这些事情并不需要花费太多的时间，也不需要花费太多的金钱，但是能打动客户的心，与客户之间维持良好的关系，这是很重要的。

在如今的市场上，竞争这么激烈，作为营销人员，不管我们卖的是什么，都不可能是客户唯一的卖主。客户没有必要一定要和我们做买卖，也没有必要始终帮助我们、支持我们，更没有必要对我们感激涕零。营销人员要把服务客户、满足客户的需求作为自己的重要职责去完成，也要把客

户当成是上帝去对待。在签约之后，当我们真正地对客户说一声"谢谢"时，相信客户尽管口头上会推辞，表示客气，实际上内心里会非常认可我们的行为，也因为被我们尊重和认可而感动。营销人员要让客户知道我们对客户的服务始于签约，而不是止于签约，也要让客户知道我们是有感恩之心的人。相信没有一个人愿意与心怀感恩的人绝交，而不愿意与总是无限索取的人结交。表面上看起来一句"谢谢"并无关紧要，实际上与营销人员的工作表现和销售业绩密切相关。感谢会帮助我们赢得客户的认可，加深我们与客户的感情。一个营销人员如果从来不知道感谢客户，那么渐渐地，他们就会被客户疏远，也就无法通过维持老客户来开发新客户。有人说，老客户价值百万，正是这个道理。

当然，营销人员维持老客户并非要纯粹出于功利心，而是应该有着真诚感谢客户的心。换言之，哪怕老客户并不会给我们介绍新客户，他们在关键时刻对我们的认可也是至关重要的。切勿在客户面前表现出不知感恩，因为这会伤了客户的心，也会让客户与营销人员之间建立的良好关系瞬间崩塌。

小张是公司里的推销员之一，从硬件上来看，他毕业于名牌大学，专业知识过硬，而且形象也很好，然而，小张的销售业绩并不好。他虽然陆陆续续地也成交了一些客户，但是这些客户都对他不认可。有一次，一个客户介绍了朋友来公司下了很大的订单，居然没找小张，而是直接找了另一个销售员。小张得知之后很生气，打电话质问客户："刘哥，我上次卖给你的机器很好用吧？"客户回答："是的。"小张按捺不住激动的情绪，索性直接问："那么，你这次带着朋友来下订单，怎么没找我呢？"客户不急不躁地说："因为我很认可你们的商品，但是不认可你的服务。所以，想换个推销员看看服务如何。"小张一时之间不知道该说什么，沉思片刻才说："我觉得，我对你的服务挺好的呀！"客户说："那是你觉得，不是我觉得。自从签约之后，后续机器配送、安装等，你从未打过一个电话询问情况，我可不想因为你的服务跟不上，就被我的朋友抱怨。"

小张平白无故失去这样一个大订单，而另一个推销员则捡到一个大订单，这让小张很不服气。后来，小张又去找另一个推销员理论："你明知道这个客户是我的老客户，这样做事不地道吧！"销售员反问："你的意思是，我宁愿让公司不做这单生意，也要把客户赶走？那么，老总是否以我损害公司利益为由，把我开除了呢？"小张无言以对，只好悻悻然地离开了。

客户成交，小张只顾着高兴了，估计连声谢谢都没有向客户说。后来，机器配送和安装的时候，小张更是把客户完全忘记了，根本没有打电话跟进，也没有表示对客户的关心。在这样的情况下，客户即使很认可产品，也不想再与小张打交道了。

作为营销人员，只有专业的知识和很强的销售能力远远不够，还要懂得做人的道理，从而能够把很多事情都面面俱到地做好。在整个销售过程中，每一个环节都是很重要的，都必不可少，尤其是售后环节，更是对把新客户转化为老客户起到极其重要的作用。销售的前期工作做得再好，也只是为后期工作做准备，铺垫基础，也是为了促使销售顺利开展和圆满完成。在从客户口袋里掏钱的阶段，服务再好，也会给客户留下功利的印象，而在把客户的钱赚到自己的腰包里之后，如果企业和营销人员都能更加用心地服务客户，则会给客户留下良好的印象，让客户真正认可企业的服务，认可营销人员的用心。良好的售后和优质的服务，是成功销售的筹码，也是成功销售必须具备的要素。每一个营销人员都要牢记这个原则，在成功销售之后，更加用心地服务于客户，真正地与客户成为朋友，维护好客户，也让老客户成为忠诚客户，为自己带来更多的客户和利益。

你的老客户价值百万

作为营销人员，如果一直都在开发新客户，则成交会很艰难，业绩也不会很突出。这是因为想要在激烈的市场竞争中赢得新客户的信任，并不是一件简单容易的事情。如果营销人员曾经有过在老客户的介绍下成交新客户的经验，就会意识到有老客户作为中间人，传达信息，营销人员将更容易赢得新客户的信任，也更有利于成交。同样是成交，通常情况下，成交老客户转介绍的新客户，和成交纯粹的新客户相比，是很难的。当然，这不是说营销人员不能发掘新客户，而是说营销人员要两条腿走路，一方面维持好老客户，一方面挖掘新客户，这样一来客户增长会更稳定，成交也会更有保障。

营销人员要理解销售真正的含义，绝不只是把产品推销出去就完成了，而是要从成功销售开始，用心地服务于老客户，让老客户意识到营销人员不仅仅是为了赚取他口袋中的钱，更是在很用心地为他们提供优质的服务，满足客户的需求，消除客户的疑虑，提升客户的消费体验。如果营销人员能够在这个环节中真正地打动客户，赢得客户的信任，则客户就会转化为忠诚的老客户，也会主动地为营销人员介绍新客户。当客户愿意与营销人员始终保持良好的关系，则客户与营销人员之间相处会更融洽，彼此信任，老客户也就会成为营销人员源源不断的客户源泉。

在自然界里，有一种非常奇怪的现象。在菲律宾的西部沿海地区，每当到了寒冷的季节，总是有无数只燕子不远万里，长途飞行，到达温暖的地带。然而，这些在飞行途中克服了艰难险阻，始终坚持不懈在飞往目的地的燕子，一旦到达目的地，在温暖的海岸边，居然会在落地的时候就闭上眼睛死去。这是为什么呢？难道燕子们不是为了飞到温暖的地带生存下来的吗？这是因为燕子紧张的精神一下子松懈下来，紧张的身体一下子放松下来导致的。其实，不仅动物如此，人类也是如此。很多人在信念的支撑下能够突破身体的极限，做出伟大的事情，但是一旦达成目标，信念大厦就会轰然倒塌，他们就会变得颓废沮丧，甚至生命也戛然而止。

对于营销人员而言，为了达到签约的目的，在销售成功之前，他们的确付出了长期艰苦卓绝的努力，想方设法满足客户的一切需求，也采取各种方法与客户沟通，打消客户心中的疑虑，而一旦客户最终签约，他们原本紧绷的神经就会懈怠，原本想要服务客户的意愿也会被忘记。他们迷失了目标，也失去了方向，转瞬之间就会给客户留下糟糕的印象。对于这样的营销人员而言，根本没有为客户进行售后服务的意识，很容易把客户的成交变成"一锤子"买卖，只能辛苦地四处开发新客户，使成交的概率大大降低。

在建材城的这条巷子里，有十几家瓷砖店，但是唯独有一家瓷砖店的生意最好，这是为什么呢？原来，这家瓷砖店有经营的秘诀。有一天，一位客户在看过好几家瓷砖店里的瓷砖之后，来到这家瓷砖店看瓷砖。实际上，每家店里的瓷砖都差不多，然而，这家店有特别的服务：凡是在本店购买瓷砖者，用不完的瓷砖，可以上门退货；在使用过程中，如果瓷砖有任何问题，可以随时上门维护保养；如果瓷砖需要清洁，每年都可以提供一次免费清洁的机会。为了有所凭据，店铺还会给所有购买瓷砖的用户发一张会员卡，以会员卡来享受售后服务。这很诱人，而且，店铺也的确兑现了承诺，把服务做得很好。众所周知，装修是最怕麻烦的，能够少一点儿麻烦也是好的。很多人都青睐第一次清洁服务，因为它相当于节省了一部分保洁费用，而且还给瓷砖做了保养。就这样，消费者们口口相传，只要有一个人在这家店铺购买过瓷砖，当亲戚朋友们有装修的需要时，他们都会介绍过来。当然，瓷砖的品质也很好，但是售后服务更是让人交口称赞，所以，这家瓷砖店铺的生意才会越来越好。

这家瓷砖店铺之所以能从激烈的竞争中脱颖而出，与他们很看重售后服务是有密切关系的。如今的消费者不但看重商品的品质，也很看重售后服务，这样才能买得放心，用得省心。不管是作为企业还是作为营销人员，在面对客户，为客户提供商品的时候，一定要注重优质的服务，而且要特别看重成交之后真诚用心地服务客户。做好售后服务，是维系好老客户、发展更多的新客户的重要方法。对于营销人员而言，只有做到老客户与新客户兼顾，才能从这两个途径齐头并进，把销售工作开展得更好，也收获良好的销售业绩。

当然，售后服务依靠两个方面，一个是营销人员所在的企业为客户提供的售后服务，另一个是营销人员自身为客户提供的售后服务。比如，作为一名房地产经纪人，在客户购买结束后，完全可以借助于工作的便利，帮助客户监督装修的进展情况，帮助客户开门配合送家具的人来送家具，还可以购买一些绿植送给客户，让客户有更好的居住环境。再如，作为一名电脑销售人员，可以定期回访老客户在使用的过程中是否遇到了问题，调查客户的使用感受，帮助客户答疑解惑。这样一来，既加强了与客户的联系，也有效地维系了老客户，还能在此过程中开发新客户，获得老客户主动介绍的新客户，可谓一举数得。

作为营销人员，我们要时刻记住老客户价值百万，这样才能坚持维系好老客户，也才能通过老客户开发更多的新客户。良好的服务是我们维系老客户的重要方式，任何时候，我们都要真诚细致地服务于客户，切实帮助客户，满足客户的需求，这才是做好销售的有效办法。

面对售后问题，要比营销更用心解决

大多数营销人员的终极目标就是把钱从客户的腰包里掏出来，装入自己的腰包，然后就万事大吉了。实际上，面对售后问题，我们要比对待营销问题更加用心，这是因为损失一个老客户就意味着至少失去十个新客户。想想吧，当新客户正在犹豫是否从你这里购买商品，老客户对新客户说"商品好，售后更好"，客户会怎么想？反之，如果老客户对新客户说："商品质量有问题，而且售后还不管"，那么，客户又会怎么想呢？客户原本有些犹豫是否购买，现在就会彻底打消购买的念头，根本不想来给自己惹麻烦。毕竟客户是在消费，当然不愿意花钱买气生，也不想花钱买罪受。每一个客户决定购买商品的初衷，都是希望能够满足自己的需求，解决自己的问题，而不喜欢非但没能解决问题，反而还引起更多的问题。这样一来，就会导致购买的体验很糟糕，甚至再也不会来购买这款商品。

从这个意义上来说，营销人员得罪一个老客户的后果，可比失去一个新客户糟糕得多。新客户决定不购买商品，顶多是放弃尝试，而老客户因为售后问题抱怨连天，则会影响更多的人对该商品绕道而行。

很多营销人员最害怕的就是客户退货，因为这意味着他们前期为了促成交易所做的所有努力全都付诸东流，也意味着他们还要解决后续的很多问题。这样出力不讨好的事情，当然没人愿意做。然而，客户退货的原因也是多种多样的，有的客户是因为选购了错误的商品，有的客户是因为商品有质量问题，在退换期内不愿意接受售后维修。不管客户因为何种原因要求退货，即使客户的退货要求不符合公司的规定，营销人员也要耐心地与客户沟通，一定要和平解决问题。不要对客户说"你购买的商品已经过了质保期，不能退货。""这完全是你用坏的，你不会用。""你就是胡搅蛮缠"等，说出这样的话意味着营销人员在向客户推卸责任，也意味着营销人员与客户之间不可能建立相互信任的关系，当然，这会给解决问题带来很大的麻烦。作为营销人员，一定要端正态度，切勿话一出口，就把客户惹毛了。

面对客户提出退货的要求，营销人员首先要认真倾听客户的诉求，理解和接纳客户的情绪与反应，这样才能有效地帮助客户恢复平静的情绪。保持理智，这是顺畅沟通与理性解决问题的前提，否则，营销人员与客户的情绪都很激动，言辞也很激烈，则只能导致事情变得更加糟糕，对解决问题起到相反的作用。其次，营销人员不要以公司规定或者客户没有正确使用为由拒绝客户。因为营销人员有义务在客户决定购买产品之前，就把公司规定告知客户，也有义务教会客户正确地使用产品。如果营销人员以这两个理由拒绝客户的售后请求，则无异于搬起石头砸自己的脚，会导致自己非常被动。经常在电商平台或者淘宝等平台购买商品的消费者都知道，如今网络购物的售后非常好，退货很方便，有些卖家还提供了运费险，就是为了让客户可以实现自由退货，也无需承担退货的运费。这个服务有很大的优势，如今，哪怕是在实体店购买商品，也未必能如此方便地退换货，这也是很多消费者都喜欢网购的原因。

最后，哪怕最终是要退货，甚至需要营销人员承担一定的损失，营销人员也要清楚地认识到，经济上的小小损失能够换来客户的信任和客户的认可，这就是最大的收获，远远比想出各种借口和理由，拒绝给客户退货更好。客户的忠诚绝不是从天而降的。俗话说，路遥知马力，日久见人心。营销人员和客户同样需要经过相处，才能彼此了解和信任。

塞翁失马，焉知祸福。在网络发达的时代，很多事情一旦在网络上曝光，就会产生非常严重的负面影响。作为营销人员一定要有长远的目光，要知道退货不是最糟糕的后果。只要退货能够让客户满意，能够赢得客户的认可和信任，那么，退货的损失远远小于与客户僵持和交恶的损失。每一个营销人员都要以长远利益为目标，不要只盯着眼前的蝇头小利，因小失大。任何时候，营销人员都要站在客户的角度上思考问题，体谅和理解客户，尽量满足客户的需求，让客户可以愉快地购买产品，这样才能赢得客户的忠诚，也为企业的长远发展奠定良好的基础。

成功签约只是营销工作的开始

绝大多数营销人员在成功签约之后，总会长嘘一口气，觉得这笔订单的钱就像装入自己的口袋中一样那么稳妥，从此之后再也不用对客户嘘寒问暖、关怀备至了。略作休息之后，他们就会把关注的重点放在新的潜在客户身上，而把已经成交的客户完全交给售后部门去服务。不得不说，这样的做法是很愚蠢的。也正是因为如此，才会有很多营销人员在成功地把产品销售给一些客户之后，依然需要不断地开发新客户，而很少有老客户会为他们介绍生意，帮助他们创造财富。最重要的原因是，这些营销人员不懂得"真正的销售始于售后"这个道理。对售后工作漫不经心，无形中让自己对于客户的服务中断，甚至终止，给客户留下很糟糕的印象，失去了客户的信任和忠诚。

销售是一系列完整的工作，在整个销售环节中，每个环节都必不可少，都至关重要。有些营销人员觉得在销售前期的营销和推销工作是最重要的。其实不然。虎头蛇尾的销售工作并不能给我们带来持久的收益，只有在销售开始和销售进入售后阶段之后，始终给予客户热情周到的服务，才能让销售工作得以延续下去。

销售前期的准备工作，将会为销售行为的顺利推进奠定基础，也是后期销售进入关键阶段的必要前提。在此期间,属于销售中间过程。营销人员为了促使交易顺利达成,会频繁地与客户接触,为客户服务。但是,需要注意的是,这样的服务并不以交易达成为终止,而是应该从交易达成开始,更加努力用心地继续服务下去。消费者对于某件商品的好感,更准确地说是从接受企业提供的售后服务和营销人员的售后维护开始的。如果售后服务做得好,客户会对企业更加忠诚,也会对销售人员更加信任,从而主动与营销人员建立长期合作的关系。反之,如果售后服务不好,则客户对于营销人员会马上信任全无,对于企业的印象也会非常糟糕,甚至宁愿接受新的产品,也不愿意继续保持此前的消费习惯。不管是企业还是营销人员,一定要重视对客户的售后服务工作,切勿因此而导致功亏一篑。从工作量的角度来看,营销人员与已经成交的客户建立了一定的信任基础,因而维持老客户所需要花费的时间和成本,比开发一个新客户要少得多。当然,这不是让营销人员只顾着维护老客户,而不去开发新客户,而是让营销人员做到双管齐下,既维护好老客户,也注重开发新客户,这样才会在销售领域更上一层楼。很多时候,越是到了最后的紧要关头,我们越是要坚持住,这样才能迎来真正圆满的结果,而不会功亏一篑。

营销人员在交易真正达成的前期,就像那些飞过高山、飞越大海的燕子一样,始终在艰苦卓绝地付出和坚持不懈地努力。等到交易达成,如果不能把此前的服务延续下去,就会导致前面的一切努力付诸东流。与其说真正的销售始于售后,不如说作为营销人员,在成功地把钱从客户的腰包里掏出来的那一刻起,就要更加用心、热情、细致地为客户服务。和售前的服务相比,售后阶段的服务会给客户留下更好的印象和体验。

在商场里一楼的柜台中,有很多专柜都是做金银饰品和珠宝生意的。但是唯独周大福的生意特别火爆,这是为什么呢?和很多普通的金店没有加工费相比,周大福的黄金饰品还要收取加工费,一件饰品的加工费少则几百元，多则上千元。但是这依然不能阻挡人们在周大福购买珠宝首饰的热情。为何人们愿意多掏钱购买周大福呢？一则是因为周大福的款式非常时尚和新颖，很多年轻人都觉得佩戴黄金饰品很俗气，而周大福的黄金饰品却有不同的风格与气质，不但不显俗气，还显得脱俗，或者贵气，或者小清新，或者文艺范儿，总有一款能吸引消费者的目光，赢得消费者的喜欢。

除了款式新颖时尚之外，周大福还有一个特别之处。在周大福购买的任何饰品，都可以享受终身免费清洗的服务。众所周知，黄金饰品佩戴时间久了，很容易变脏，颜色暗淡。客户在购买周大福饰品之后，去商场的时候就可以顺路清洗饰品，保持饰品光亮如新。而且，周大福不要求客户必须在购买的门店清洗，而是可以在路过任何一家周大福门店清洗，也不需要提供发票等手续，因为饰品本身就是有暗标的。这样一来，周大福极大地为客户提供了保养饰品的便利，也难怪那么多客户都愿意选择购买周大福饰品呢！

周大福正是秉承了从售后开始对客户展开营销、开始服务的原则，先于客户想到购买饰品之后的各种问题，而且不需要客户提出要求，就主动把问题圆满解决。很多购买了周大福饰品的客户都对周大福很忠诚，也养成了消费习惯，始终坚持选择周大福，这正说明了周大福的营销策略是非常成功的。

不管是作为企业还是作为营销人员，要想赢得客户的忠诚，获得客户的信任，培养客户的消费习惯，就要先客户之忧而忧，保证做到让客户购买商品之后毫无后顾之忧，这样才能留住老客户，培养新客户，壮大客户群体。

在如今的市场上，很多产品的生产技术都已经透明化，因此有很多同质化的商品可以供客户选择。作为企业，作为营销人员，要想带领自己的并不够独特，也并非不可取代的商品从众多商品中脱颖而出，就必须树立正确的服务观念，更加细致周到地做好服务，这样才能赢得客户，抢占市场。从此刻开始，从售后开始，让我们全心全意服务于客户，给老客户带来真正宾至如归的感觉。这么做也许一天、两天、三天……都不会有显著的效果，但是，只要坚持下去，日积月累，一定会让我们真正见识到老客户价值百万的魔力。

为客户提供超出预期的服务

前文说过，要想培养客户的忠诚，养成用户的消费习惯，就要对客户进行多变的酬赏。当然，前面是从企业营销的角度来策划给予客户酬赏，那么，这一节则重点从营销人员个体角度，为客户提供超出预期的服务，这对于开拓更多的新客户具有非同寻常的意义，也是很多优秀的营销人员拥有源源不断客户的秘诀。

作为营销人员，为客户提供超出预期的服务，也许只是举手之劳，但是却会得到丰厚的回报。太多的营销人员以把钱从客户的口袋里掏出来为终极目的，因为对于客户的需求并没有深入了解，也没有在签约之后持续服务于客户，对客户表现出关心和关切。这么做的直接后果是什么呢？营销人员也许通过签单赚取了一些钱，但是却没做维系好这个老客户，导致客户再有需要的时候，并不能第一时间想到营销人员，甚至还会刻意避免与营销人员联系。这就是因为营销人员没有给予客户超出预期的服务，使得客户认为自己基于信任营销人员而花费的钱，并没有物有所值。成功的营销人员会给客户留下物超所值的印象，这样，当客户再次需要购买相同的商品时，第一时间就会想到营销人员，也很愿意继续从营销人员处购买商品，享受细致入微的、超值的服务。

世界上著名的景点有很多，但是能够吸引客户多次到访的旅游景点并不多。作为西太平洋沿岸的海港城市，温哥华是举世闻名的旅游胜地，吸引了世界上很多游客的多次到访。很多游客甚至把温哥华定为休假城市，回到温哥华，就像是回到一个让他们舒适的家，这是为什么呢？

温哥华之所以能吸引大量的游客多次到来享受假期，是因为温哥华的营销服务组织很注重给予客户超出预期的服务和惊喜。作为国际旅游城市，这样的思想和理念，让温哥华在国际旅游城市中具有超强的竞争力。很多游客在去温哥华之前都非常期待，也对即将收获的意外惊喜充满好奇。那么，温哥华是如何做到这一点的呢？其实，大多数游客在真正消费之前，都会有所期望，也会给自己设定好期望值。只有在期望值被满足的情况下，消费者才会进行下一次消费，否则，消费者就会觉得付出不值得，也会对消费的商品感到失望。作为营销人员，最重要的工作就是要了解消费者的消费期望，从而满足消费者的期望，也要力所能及地给予消费者意外的惊喜。显而易见，老祖宗所说的"知彼知己，百战不殆"，在这里也是很适用的。

在现实的销售之中，常常有营销人员抱怨自己在与同行的竞争中，明明抢先于同行做了大量的工作，而且还给客户争取到了很多的利益，甚至比同行更早地接触客户，但是最终客户却选择通过其他营销人员购买商品，这是为什么呢？诸葛亮曾说，万事俱备，只欠东风。其实在这种情况下，营销人员虽然做了很多，但是也还差最后一把火没有烧好，那就是没有给予客户超出预期的服务，没有让客户更加坚定不移地选择自己。在销售行业里，很多营销人员都曾经有过被半路杀出来的程咬金搅局的经历，他们把错误归咎到其他营销人员身上，却没有反思自己到底哪里做得不够好。客户选择了我们的竞争对手成交，就意味着我们一定有做得不到位的地方，与其抱怨，与其指责，还不如抓紧时间反思自己的销售行为，从而及时地改正错误，完善行为，让销售进展更顺利。

在这一点上，我们理应向温哥华旅游业学习，能够在激烈的市场竞争中脱颖而出，赢得游客的衷心喜爱，这是很难做到的，而这也恰恰是温哥华旅游业的成功之处。如果公司的平台能给客户超值的服务，那当然更好。退一步而言，即使公司的平台不能给客户提供超值的服务，营销人员也可以从个人行为的角度满足客户更多的需求，真正做到设身处地为客户着想。当营销人员能够先于客户想到客户的需求，主动满足客户的需求时，必然会带给客户更大的惊喜和感动，也能推动销售工作进展顺利，成效显著。竞争对手那么多，个个都很强大，要想从竞争对手中脱颖而出，我们不但要做到竞争对手做到的，还要做到竞争对手没有做到的，这样才能给客户留下深刻的印象，也真正赢得客户的认可和信任。

后 记

有人把营销理解成卖东西，的确，卖东西是营销的目标之一，也是营销的一个具体而又重要的环节，但是卖东西绝不是营销的全部。虽然本书的名字叫《简单营销学》，但是，这并不意味着营销是一件简单易行的事情。营销很复杂，要想做好营销，要了解很多方面的知识，尤其是要看穿读懂客户的心思，对于营销人员而言，这是一个巨大的挑战。因而，营销人员还要是心理专家、语言大师，同时也要掌握营销的传统方式和现代艺术，只有面面俱到地提升销售能力，掌握销售艺术，营销人员才能把销售工作做好，也才能把复杂的营销深入浅出地做得简单，且容易为客户所接受。

营销，不但是企业整体销售策略的组成部分，也是具体销售的实操过程，还是营销人员开展销售工作必须依靠和使用的方式方法。把营销做好，并不是简单容易的事情，只有当深入了解营销，对营销准确定位后，在对客户有洞察力和把握力的情况下，营销才能更容易些。简单营销的核心就在于，读懂读透营销，要深入贯彻营销的思想。当一个人能够把营销工作做好，说明他的综合水平很高，综合能力很强，对于很多工作都可以做得很好。正因为如此，才有人说销售是最锻炼人的工作。对于这一点，没有从事过销售的人不会有深刻的感悟和体会，只有真正从事过销售，能够把销售工作做好的人，才有发言权。

尤其是在如今的时代背景里，网络发展速度非常迅猛，给很多传统的行业都带来了巨大的冲击，也使营销相比起传统方式有了很大的改变。作为新时代的营销人员，必须与时俱进，让自己跟随时代的脚步不断前进，跟随行业的进步不断成长，这样才能避免被时代抛弃的厄运。

  看似简单的销售问题，与社会生活的方方面面都有着剪不断理还乱的深入关系，这就对营销人员展开营销工作提出了更高的要求。有些人很害怕从事销售工作，尤其是一些大学生在刚走出校园步入社会之后，找工作的时候，第一要求就是不做销售。不可否认，销售行业的确压力山大，但是给人带来的锻炼也是很巨大的。每一个敢于从事销售行业的人都是很勇敢的。不管因为什么原因，他们选择了销售行业就意味着挑战自己，就意味着想要突破和超越自己。作为营销人员，我们要为自己喝彩，也要为自己点赞。在营销的道路上艰难前行，我们不曾放弃，我们始终在努力，这就是最大的成功。营销固然没有捷径，却有技巧可用，也有规律可循，为了让自己的进步更大，成长更快，我们完全可以读一读关于营销秘笈的书籍，也许受到其中某一句话的触动，我们就会变得豁然开朗呢！开卷有益，何时都是如此。